Peter Blenke

ALLES. BESSER. WISSEN.

Allgemeinwissen für Querdenker,
Nachdenker und Weiterdenker

ISBN: 978-3-938925-83-6

Grafik und Layout: Bloom GmbH, München
Satz: Jung Medienpartner GmbH, Limburg
Lektorat: Kristiane Schill-Lange

*Das für dieses Buch verwendete Papier wurde
umweltfreundlich und klimaneutral mit
nachwachsenden Rohstoffen aus
kontrollierter Forstwirtschaft produziert.*

Printed in the European Union

Inhaltsverzeichnis:

Der dritte Band – ich konnte nicht anders!

Nie wieder! Dies hatte ich mir vor vier Jahren, nach meinem letzten Rätsel-Buch, gesagt. Mein konsequentes „Nie" halten Sie nun in den Händen. Warum ich es doch getan habe? Weil es trotz der vielen Zeit und Arbeit wieder Spaß gemacht hat, und ich mir nach wie vor erhoffe, dass das Ergebnis auch anderen Freude bereitet.

Rätsel sind seit der Studentenzeit schon immer ein Faible von mir. Und nachdem ich bereits einige Sachbücher über Gebäudemanagement geschrieben hatte, wollte ich mein Hobby zu Blatte – besser auf Festplatte bringen. Den letzten Kick, meinen ersten Band auch in die Tat umzusetzen, gab mir mein ehemaliger Studienkollege und bekannter Rätselautor CUS. Er hatte sich vor einigen Jahren bereit erklärt, für die Homepage des Facility-Management-Unternehmens und Personaldienstleisters Wackler, in dem ich seit vielen Jahren als CEO/Vorstand tätig bin, jedes Frühjahr eine kniffflige Rätselreihe zu entwerfen. So kam 2013 eines zum anderen und das erste Buch „Ja Klar!" heraus, 2015 folgte „Nachdenker, Querdenker, Umdieeckedenker" und jetzt – 2019 – der dritte Band. Perfektes Timing, denn in diesem Jahr feiert Wackler sein 110-jähriges Bestehen – ein schöner Anlass für Mitarbeiter und Kunden.

Auch in diesem Band hat CUS mit Hand angelegt, besser gesagt, harte Rätsel-Nüsse beigetragen, die nicht so leicht zu knacken sind. Positiver Nebeneffekt: gemeinsame Abende mit rauchenden Köpfen und einem schönen Glas Wein.

Ich weiß nicht, ob dieses Buch ohne die grandiose Unterstützung unserer PR-Beraterin Kristiane Schill-Lange jemals fertiggestellt worden wäre. Durch ihre Ausdauer und Geduld hat sie in vielen Meetings und vielen Stunden „Heimarbeit" meine Fragen und Antworten bearbeitet. Sie versteht es, in ihrer freundlichen und überzeugenden Art, den richtigen Weg aufzuzeigen.

Bei der Beantwortung der rund 400 Fragen habe ich mein Bestes gegeben. Sollten sich hier und da doch noch Lücken auftun oder die Ergebnisse meiner Recherchen überholt sein, drücken Sie ein Auge zu. Jetzt wünsche ich Ihnen viel Spaß beim Rätseln, Wissen, Raten und Dazulernen. Dies wird mein letztes Rätsel-Buch sein. Nie wieder! Oder? „Schau ma mal".

Peter Blenke
Vorstand/CEO, Wackler Holding SE

Kultur
pur

Kultur pur

Welchen Spruch hat Arnold Schwarzenegger in keinem seiner Filme gesagt?

a. Hasta la vista, baby
b. I want my baby
c. I'll be back
d. Go ahead, make my day

Welcher Hit von deutschsprachigen Sängern landete als einziger auf Platz 1 der amerikanischen Billboard-Charts?

a. 99 Luftballons (Nena)
b. Rock me Amadeus (Falco)
c. Brother Louie (Modern Talking)
d. Wind of change (Scorpions)

In welchem Film führte Quentin Tarantino Regie?

a. Pulp Fiction
b. The Hateful Eight
c. Django Unchained
d. Kill Bill

Was steht beim Kunststil des Impressionismus im Vordergrund?

a. Der eigene seelische Ausdruck
b. Die Darstellung des Lichts und der Atmosphäre
c. Dinge zu geometrischen Körpern stilisieren
d. Die naturgetreue Wiedergabe von Motiven

d. ist korrekt. Den bekannten Einzeiler „Go ahead, make my day!" sagte der Schauspieler Clint Eastwood als Callahan in „Dirty Harry". Er wollte so seine Widersacher zu einer unüberlegten Tat provozieren.

Antwort b. stimmt. Mit „Rock me Amadeus" war Falco (alias Johann Hölzel 1957–1998) 1986 drei Wochen lang sowohl auf Platz 1 der amerikanischen Billboard-Charts als auch der Cashbox-Charts in den USA sowie in Großbritannien und in einigen asiatischen Ländern.

In allen vier Filmen führte er Regie. Pulp Fiction 1994; Kill Bill 2003; Django Unchained 2012; The Hateful Eight 2015; Quentin Jerome Tarantino (*1963) ist zweifacher Oscar- und Golden-Globe-Preisträger sowie Gewinner der Goldenen Palme.

b. ist korrekt. Im Gegensatz zum Expressionismus, bei dem der eigene seelische Ausdruck im Bild im Vordergrund steht, liegt der Schwerpunkt beim Impressionismus auf der Farb- und vor allem Lichtwirkung. Beide Richtungen setzen sich vom Naturalismus ab, dem es um eine möglichst genaue künstlerische Wiedergabe der Realität geht.

Kultur pur

Welche der folgenden Filme wurden mit elf Oscars ausgezeichnet?

a. Titanic
b. Ben Hur
c. Herr der Ringe
d. Avatar

Welcher der Genannten gilt als der teuerste zeitgenössische deutsche Maler?

a. Gerhard Richter
b. Markus Lüpertz
c. Georg Baselitz
d. Jörg Immendorf

Welcher Spruch stammt nicht von Loriot
(Vicco von Bülow, 1923–2011)?

a. Wenn Sie die Ente hereinlassen,
   lasse ich das Wasser hinaus
b. Hildegard, sagen Sie jetzt nichts
c. Das ist ein Osterhasi, kein Nikolausi
d. Ja, wo laufen sie denn

In welcher TV-Serie führte der Anfang 2015 verstorbene Helmut Dietl nicht Regie?

a. Monaco Franze – Der ewige Stenz
b. Der ganz normale Wahnsinn
c. Münchner Geschichten
d. Fast wia im richtigen Leben

a., b. und c. sind korrekt. Titanic (1997), Ben Hur (1959) und Herr der Ringe (2001) haben alle jeweils elf Oscars einge-heimst. Avatar (2009) lediglich drei. „Avatar – Aufbruch nach Pandora" ist der Film mit dem höchsten Einspielergebnis aller Zeiten. Damit hatten die blauen „Na'vis" sechs Wochen nach Filmstart den Rekord von „Titanic" (ebenfalls von Regisseur James Cameron) versenkt.

a. ist korrekt. Der 1932 in Dresden geborene Maler, Bildhauer und Fotograf Gerhard Richter gilt als teuerster zeitgenössi-scher deutscher Maler. Bei Auktionen erreichen seine Werke regelmäßig zweistellige Millionenbeträge.

c. ist korrekt. Der Satz stammt von dem bayerischen Kaba-rettisten Gerhard Polt (*1942 in München). Von ihm stammt auch der Satz: „Stellen Sie sich vor, wir hätten in West und Ost lauter Pazifisten, und dann käme der Ernstfall daher."

d. stimmt. „Fast wia im richtigen Leben" ist eine Fernsehserie von und mit Gerhard Polt. Zusammen mit Gisela Schneeber-ger und Hanns Christian Müller präsentiert er den Zuschau-ern bittersüß bayerisch den Zuschauern den ganz normalen „Alltagswahnsinn".

Bringen Sie diese Kultfilme in die richtige Reihenfolge nach Erscheinungsdatum:

a. Blues Brothers
b. A Clockwork Orange
c. The Rocky Horror Picture Show
d. 2001: Odyssee im Weltraum

Welchen der folgenden Filmklassiker drehte Alfred Hitchcock nicht?

a. Der unsichtbare Dritte
b. Psycho
c. Die Vögel
d. Das Fenster zum Garten

Ob die Cartwrights, Erik Ode, Eduard Zimmermann oder Clarence – sie alle begeisterten Millionen von deutschen TV-Zuschauern in den 1960er- und 1970er-Jahren. Doch wen gab es zuerst? Bringen Sie die vier Fernsehserien in díe richtige Reihenfolge und starten Sie mit der Serie, die in Deutschland zuerst anlief.

a. Aktenzeichen XY… ungelöst
b. Bonanza
c. Der Kommissar
d. Daktari

1968: Stanley Kubricks „2001: Odyssee im Weltraum"
1971: Stanley Kubricks „A Clockwork Orange"
1975: Jim Sharman's „The Rocky Horror Picture Show"
1980: John Landis' „Blues Brothers"

d. ist korrekt. Zum Hof ging das Fenster, nicht zum Garten. James Stewart glaubte 1954, aus jenem einen Mord beobachtet zu haben. Cary Grant wird in „Der unsichtbare Dritte" 1959 sowohl für einen Spion als auch für einen Mörder gehalten. Auch dank des genialen Anthony Perkins schuf Hitchcock 1960 den „Psycho"-Thriller schlechthin. Und in „Die Vögel" bekam es Tippi Hedren mit denselbigen heftig zu tun.

Die korrekte Reihenfolge lautet b – a – c – d:
„Bonanza" ab 1962; „Aktenzeichen XY" ab 1967; „Der Kommissar" ab 3. Januar 1969 ; „Daktari" ab 4. Januar 1969.

12

Im Nationalsozialismus erhielten die sogenannten „Entarteten Künstler" Malverbot. Wer gehörte nicht dazu?

a. Emil Nolde
b. Otto Dix
c. Max Ernst
d. Carl Spitzweg
e. Wassily Kandinsky

13

Wer sagte einmal: „I don't care to belong to any club that will have me as a member." („Ich mag keinem Club angehören, der mich als Mitglied aufnimmt.")?

a. Groucho Marx
b. Prinz Charles
c. Oskar Wilde
d. Prinz Philip

a.

b.

c.

d.

Antwort d. stimmt. Carl Spitzweg wurde 1808 geboren und
starb 1885 – also lange bevor die Nationalsozialisten die Werke der anderen genannten Künstler als „entartet" deklarier-
ten. Sie wurden ins Exil gejagt oder in den Suizid getrieben.
Das bekannteste Gemälde von Carl Spitzweg ist wohl „Der
arme Poet".

Antwort a. ist korrekt. Es war der US-amerikanische Schauspieler und Entertainer Groucho Marx, einer der drei Marx
Brothers. Er gehörte in den 1940er-Jahren zu den erfolg-
reichsten Komikern der englischsprachigen Welt. Er war für
seinen Witz und seine Schlagfertigkeit bekannt. Nach seiner
dritten Scheidung soll er gesagt haben: „Alimente zahlen ist
wie ein totes Pferd mit Heu zu füttern."

Welche Gewehre in Karl Mays Erzählungen gehören Old Shatterhand?

a. Silberbüchse
b. Henrystutzen
c. Bärentöter
d. Fuchsschwanz

Bevor Adolf Hitler Politiker und Diktator wurde, träumte er von einem Leben als …

a. Maler
b. Metzger
c. Architekt
d. Pilot

Wer spielt in dem Kultfilm „Der dritte Mann" (1949) die Rolle des gewissenlosen Penicillin-Schiebers Harry Lime?

a. Joseph Cotten
b. John Huston
c. Orson Welles
d. Charlton Heston

Wer sagte: „Mann, ich bin zu alt für diesen Scheiß"?

a. Winston Churchill
b. Danny Glover
c. Bruce Willis
d. Mick Jagger

Antwort b. und c. sind richtig. Winnetous Gewehr heißt „Silberbüchse". May lebte von 1842 bis 1912. Er starb in Radebeul (Sachsen), wo jährlich die Karl-May-Festtage stattfinden.

Antwort a. und c. Adolf Hitler bewarb sich in Wien um ein Kunststudium, zwei Mal wurde er abgelehnt. Dann kam der Erste Weltkrieg, danach zog er nach München, lebte vom Verkauf seiner Postkarten und träumte davon, Architekt zu werden – ohne je ein Studium aufgenommen zu haben.

Antwort c. ist richtig. Orson Welles: Sein Schatten eilte ihm in der Wiener Kanalisation voraus. Der Welterfolg des Films „Der dritte Mann" stellte Graham Greenes gleichnamigen Roman in den Schatten. Und die Zithermelodie eines Wiener Heurigenmusikers eroberte die Welt.

b. ist korrekt. Danny Glover alias Roger Murtaugh sagte ihn in dem Action-Film „Lethal Weapon", der erstmals 1987 in den deutschen Kinos lief. Zusammen mit seinem Kollegen und „Buddy" Martin Riggs (gespielt von Mel Gibson) kämpfte sich der kurz vor der Pensionierung stehende Cop durch insgesamt vier Folgen. Die fünfte Folge ist anscheinend für 2019 geplant, … vielleicht doch nicht zu alt für diesen Sch…?

Kultur pur

18

Welcher Roman stammt nicht von Karl May?

a. Der Wurzelsepp
b. Der Silberbauer
c. Der Herrgottsschnitzer
d. Der Peitschenmüller

19

Wer spielte nicht in dem Film „Easy Rider" aus dem Jahr 1969 mit?

a. Jack Nicholson
b. Peter Fonda
c. Robert de Niro
d. Dennis Hopper

20

Welche Stimmlage passt hier nicht?

a. Sopran
b. Mezzosopran
c. Alt
d. Bass

21

Wer sagt: „Das muss kesseln"?

a. Paul
b. Werner
c. Klaus
d. Peter

Lösung c. war gesucht. Der Herrgottsschnitzer von Ammergau stammt nicht aus Karl Mays Feder, die übrigen beliebten „Schnulzen" schon.

Antwort c. stimmt. Der Film gilt bis heute als ein authentisches Abbild eines Amerikas Ende der 1960er-Jahre abseits der vorherrschenden Lebensentwürfe. Er zeigt eine schrumpfende, teilweise bereits in Gewalt und Drogenexzesse „gekippte" Hippiebewegung und deren verloren gegangenen Ziele und Hoffnungen auf eine für sie bessere Welt.

Antwort d. ist korrekt. Singstimmen werden in Musikstücken nach der Tonhöhe in Stimmlagen eingeteilt. Bei Frauen in die Stimmlagen Sopran, Mezzosopran, Alt. Bei den männlichen Singstimmen in Tenor, Bariton und Bass. Also passt Bass nicht dazu.

b. stimmt. Es ist der „Flens"-trinkende Comic-Held Werner, der mit seinem selbstgebastelten Motorrad manchen Porschefahrer unter dem Motto „Das muss kesseln" zum Rennen auffordert und mit seinen Kumpels sein norddeutsches Heimatdorf unsicher macht. Werner stammt aus der Feder von Rötger Feldmann, genannt Brösel.

Welcher Name ist korrekt?

a. Hadschi Halef Omar Ben Hadschi Abul Abbas Ibn
   Hadschi Dawuhd al Gossarah
b. Hadschi Halef Omar Ben Hadschi Abul Abbas al Gossarah
c. Hadschi Omar Ben Hadschi Alef Abdul Abbas Ibn
   Hadschi Dawuhd al Gossarah
d. Omar Ben Hadschi Abul Abbas al Gossarah

Wen bezeichnete der deutsche Lyriker und Liedermacher Wolf Biermann als Sudel-Ede?

a. Edmund Stoiber
b. Karl-Eduard von Schnitzler
c. Gerhard Löwenthal
d. Henri Nannen

Welchem russischen Schriftsteller wurde der Nobelpreis für Literatur verliehen?

a. Lew Nikolajewitsch Graf Tolstoi
b. Fjodor Michailowitsch Dostojewski
c. Alexander Solschenizyn
d. Boris Leonidowitsch Pasternak

Wer war kein Tatort-Ermittler?

a. Mario Adorf
b. Christoph Waltz
c. Heike Makatsch
d. Christian Ulmen

Antwort a. ist korrekt. Halef ist eine Romanfigur in den Abenteuerromanen von Karl May. Insbesondere spielt die Figur in den ersten sechs Bänden „Gesammelte Reiseerzählungen" – dem Orientzyklus – geschrieben von dem wohl fantasievollsten Sachsen, den es je gab, denn gereist ist Karl May erst nachdem er seine Bücher geschrieben hatte.

Antwort b. ist korrekt. Karl Eduard von Schnitzler (1918 – 2001) war Chefkommentator des DDR-Fernsehens sowie Autor und Moderator der agitatorischen Fernsehsendung „Der schwarze Kanal". In der Liedstrophe Biermanns: „Hey Schnitzler, du elender Sudel-Ede / Sogar, wenn du sagst, die Erde ist rund / Dann weiß jedes Kind: Unsre Erde ist eckig …"

Es stimmen c. und d. Hätte in der Frage gestanden „… erhielt den Nobelpreis …" hätte nur c. gestimmt. Denn Pasternak – bekannt durch seinen Roman „Doktor Schiwago" – wurde der Preis 1958 zwar verliehen, aber er verweigerte auf Druck der sowjetischen Obrigkeit die Annahme.

Antwort a. ist korrekt. Auch wenn wir uns ihn als Hauptkommissar in dem sonntäglichen Deutschland-Krimi vorstellen könnten – aber er spielte diese Rolle nie. Alle anderen schon. Ja, auch der zweifache Oscar-Preisträger Christoph Waltz ermittelte als Revierinspektor in Wien 1987 in dem Fall „Wunschlos tot", lange bevor Hollywood und Tarantino ihn riefen.

---● 26 ●---

„Dinner for One" – wer kennt es nicht! Und jeder kennt den Butler James, wie er stolpert, wieder und immer wieder. Fragt sich nur: Wie oft stolpert James während des Sketches über das Bärenfell?

a. Fünfmal
b. Zehnmal
c. Fünfzehnmal
d. Keinmal

---● 27 ●---

In der Muppets Show beobachten zwei ältere Herren das Geschehen auf der Bühne von ihrer Loge aus und kommentieren alles mit sarkastischen Äußerungen. Wie heißen sie?

a. Starsky und Hutch
b. Waldorf und Statler
c. Wum und Wendelin
d. Ernie und Bert

---● 28 ●---

Wer war ursächlich für die #MeToo-Bewegung verantwortlich?

a. Kevin Spacey
b. Harvey Weinstein
c. Donald Trump
d. Dustin Hoffman

d. ist korrekt. „The same procedure as last year, Miss Sophie?" – aber nicht bei unserer Frage. Denn Butler James stolperte über ein Tigerfell, nicht über ein Bärenfell und das insgesamt … Keine Ahnung.

b. natürlich. Es sind die beiden schrulligen alten Quälgeister Waldorf und Statler. Berühmt der Dialog von ihren Balkonplätzen aus über die Show:
Statler: „Das war wirklich mal was zum Lachen!"
Waldorf: „Ja, das ist echt komisch gewesen!"
Statler: „Was glaubst du – ob das beabsichtigt war?"

Antwort b. ist korrekt. Alles fing mit Harvey an. Was klingt, als könnte es der Titel eines neuen Kinohits werden, ist hollywoodreife Realität. Auch wenn das Hashtag MeToo bereits 2006 von der Aktivistin Tarana Burke verwendet wurde, wurde es erst anlässlich des Weinstein-Skandals richtig bekannt – letztlich zu einer Bewegung. Zahlreiche Frauen beschuldigten 2017 den amerikanischen Filmproduzenten der sexuellen Nötigung und Vergewaltigung. Das Hashtag nutzen viele, um auf das eigene Schicksal und auf das anderer aufmerksam zu machen.

29

Im Filmklassiker von 1933 steigt King Kong auf das Empire State Building. Was befand sich damals ganz oben auf dem Gebäude?

a. Ankermast für Zeppeline
b. Das erste Fernseh-Kochstudio
c. Geschützturm zur Hafenverteidigung
d. Konzertsaal der Metropolitan Opera

30

Biedermeier ist eine Stilbezeichnung für Kunst- und Literatur-strömungen in folgendem Zeitraum:

a. 1492–1517
b. 1618–1648
c. 1789–1814
d. 1815–1848

31

Welche Filme dürfen am Karfreitag nicht in Deutschland gezeigt werden?

a. Heidi
b. Mad Max
c. Tanz der Vampire
d. Die Feuerzangenbowle

a. ist korrekt. Ankermast für Zeppeline: Eine irrwitzige Idee
war es, das Empire State Building mit einer Andockstation
für Luftschiffe auszurüsten. Seit 1931 harrte sie dort oben
der Fluggäste, aber die kamen nicht. Über eine Gangway von
einem windgeschaukelten Zeppelin zur Spitze des Gebäudes
zu balancieren, mit gut 300 Meter Luft unter den Füßen, die
Damen mit Stöckelschuhen, das war nicht nach dem Geschmack der Passagiere. 1934 ersetzte eine Antenne für den
TV-Versuchsbetrieb den Ankermast.

d. stimmt. Als Biedermeier wird in Deutschland die Zeit
zwischen 1815 und 1848 bezeichnet. Diese „nach innen"
orientierte Epoche folgte größeren Veränderungen in Europa,
welche die Französische Revolution und Napoleons Herr-
schaft zwischen 1789 und 1814 über den ganzen Kontinent
gebracht hatten.

Alle vier sind korrekt. Keiner dieser Filme darf am Karfreitag gezeigt werden – einige wohl einfach nur, weil man es
versäumte, bei der FSK-Prüfstelle eine Freigabe für stille
Feiertage zu beantragen, andere weil sie das „religiös sittliche
Empfinden an stillen christlichen Feiertagen verletzen". Ganze
756 Titel umfasst die Liste der Filme, die die Prüfer der FSK
seit 1980 auf den Feiertagsindex gesetzt haben.

Ein berühmtes Gemälde von Raffael ist bekannt durch seine zwei Puttenfiguren. Wie viele Personen sind außerdem dargestellt?

a. 2
b. 3
c. 4
d. 5

Der David von Michelangelo steht in Florenz. Welche Aussage zur Skulptur ist falsch?

a. Sie trägt eine Schleuder über der linken Schulter
b. Ihr Gemächt ist bedeckt
c. An ihrer rechten Hand treten die Adern hervor
d. Sie feiert 2019 ihren 515. Geburtstag

Wer ist im August 1969 nicht bei dem legendären Open-Air-Musikfestival „Woodstock" aufgetreten?

a. Jimi Hendrix
b. Rolling Stones
c. Janis Joplin
d. Joe Cocker

Wer gestand freimütig: „Ich genoss seine Leber mit ein paar Fava-Bohnen, dazu einen ausgezeichneten Chianti"?

a. Nosferatu
b. Jack the Ripper
c. Dr. Jekyll
d. Hannibal Lecter

Antwort c. ist korrekt. Neben den beiden bekannten und gefühlt Millionen Mal vermarkteten Engeln sind Maria, Jesus, Sixtus II. (Bischof von Rom von 257 bis 258 n. Chr.) und die Heilige Barbara abgebildet.

Falsch ist b. David zieht blank, kein Feigenblatt verdeckt Wesentliches. Auffällig sind die Siegessicherheit und Coolness, die die Statue verkörpert: Davids Pose, welche fast schon überheblich wirkt, wenn man bedenkt, dass er gleich gegen Goliath kämpft.

Lösung b. ist richtig. Auf dem Festival traten 32 Bands und Solisten vor mehr als 400.000 Besuchern (geplant waren 60.000) für insgesamt rund 200.000 US-Dollar Gage auf. Neben den Rolling Stones fehlten auch große Namen dieser Zeit: The Beatles, Bob Dylan, The Doors, Johnny Cash, Led Zeppelin und Elvis Presley. Für eine Zusage schien ihnen das Konzert wohl zu wenig lukrativ und bekannt. Tja, ...

Korrekt ist Antwort d. Hinter Gitterstäben gestand der soziopathische Gourmet Hannibal Lecter (alias Anthony Hopkins) in dem Film „Das Schweigen der Lämmer" von 1991 der wissbegierigen Agentin Clarice Starling (gespielt von Jodie Foster) seine Vorliebe für gutes Essen. Dass es sich dabei um die Leber eines Meinungsforschers handelte, hatte in dieser Szene einen besonderen Beigeschmack.

Was ist ein Cold-Case-Spezialist?

a. Ein Sexualtherapeut
b. Ein Ermittler, der alte ungelöste Kriminalfälle
   wieder aufrollt
c. Ein Eisbärdompteur
d. Ein Angestellter der Börsenaufsicht

Gesucht ist ein weltbekanntes Werk, bei dem sich die Experten streiten, ob dort die Sonne oder der Vollmond abgebildet ist. Falls es der Mond ist, wäre der gleich zweimal dargestellt, wenn auch in unterschiedlicher Gestalt. Wo kann man dieses Werk im Original sehen?

a. Kirche
b. Höhle
c. Fabrik
d. Halle

HARTE NUSS VON CUS

Ein Männlein steht im Walde … Sag, wer mag das Männlein sein …?

a. Förster
b. Zwerg Laurin
c. Eichhörnchen
d. Hagebutte

b. stimmt. Cold-Case-Spezialist-innen gehören einer besonderen Einheit an, die sich vor allem ungeklärter „eingefrore-
ner" Kriminalfälle widmen.

Antwort d. ist korrekt. Nicht in einer Halle, sondern in der
Stadt Halle. Dort ist in einem Museum die Himmelsscheibe
von Nebra ausgestellt (3.700 bis 4.100 Jahre alte Bronzeplat-
te, die 1999 nahe der Stadt Nebra in Sachsen-Anhalt gefunden wurde).

Es ist d. die Hagebutte. Denn die „… hat von lauter Purpur
ein Mäntlein um".

39

Wer passt nicht in die Reihe?

Max Liebermann – Franz Marc – Claude Monet – Hildebrand Gurlitt – Marc Chagall

 40

Wer sagte: „Wenn alle Menschen nur aus Überzeugung in den Krieg zögen, dann würde es keinen Krieg geben."

a. Fjodor Michailowitsch Dostojewski
b. Nikolai Wassiljewitsch Gogol
c. Lew Nikolajewitsch Tolstoi
d. Anton Pawlowitsch Tschechow

 41

Der kauzige Tatortreiniger Heiko „Schotty" trifft in den gleichnamigen Fernsehfolgen auf skurrile Typen. In welcher Stadt ist er als Gebäudereiniger unterwegs?

a. Unternehmen Putziputz in Chemnitz
b. Unternehmen Izmir in Frankfurt
c. Unternehmen Wackler in München
d. Unternehmen Lausen in Hamburg

Nur einer malt nicht: Hildebrand Gurlitt (1895–1956). Er war während des Nationalsozialismus Kunsthistoriker und Kunsthändler und verfügte nach dem Krieg über eine über 1.500 Werke umfassende Kunstsammlung, die sein Sohn Rolf Nikolaus Cornelius Gurlitt erbte. Darunter befanden sich etwa 300 Werke, die ab 1937 in deutschen Museen als „Entartete Kunst" konfisziert wurden.

c. ist korrekt. Alle waren Schriftsteller, aber nur einer sagte diesen Satz – nämlich der russische Erzähler und Romanautor Leo Tolstoi (1828–1910) oder genauer Lew Nikolajewitsch Graf Tolstoi. Von ihm stammt auch: „Das Glück besteht nicht darin, dass du tun kannst, was du willst, sondern darin, dass du immer willst, was du tust."

Antwort d. ist richtig. Der Schauspieler Bjarne Mädel alias „Schotty" erhielt für die Folgen „Der Tatortreiniger" viele Auszeichnungen.

Essen & Trinken

1

In welchem Jahr entwarf Carl von Linde seine erste Kältemaschine, den sogenannten „Kühlschrank"?

a. 1776
b. 1811
c. 1871
d. 1926

2

Wer passt nicht dazu?

a. Jan Hartwig
b. Sven Elverfeld
c. Alfons Schuhbeck
d. Christian Jürgens

3

Was kann man über ein Ei sagen,
dessen erste Ziffer auf dem
Stempelaufdruck eine 0 ist?

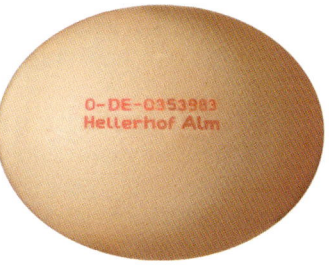

a. Bio-Haltung
b. Freilandhaltung
c. Bodenhaltung
d. Käfighaltung

4

1918 tauchte zum ersten Mal die Werbefigur „Sarotti-Mohr"
auf. In welchem Jahr hat der Mohr aufgrund von Rassismus-
Vorwürfen eine goldene Hautfarbe bekommen und heißt
seither „Magier der Sinne"?

a. 1954
b. 1963
c. 1984
d. 2004

c. ist korrekt. 1871 entwarf Carl von Linde (1842–1934) seine erste Kältemaschine, die er in der Maschinenfabrik Augsburg Nürnberg (MAN) herstellen ließ.

Antwort c. – der Münchner Alfons Schuhbeck passt hier nicht. Er ist zwar ein vor allem aus dem TV bekannter Sternekoch, aber er hat noch nie von den Testern des „Guide Michelin" das Nonplusultra der Gourmet-Wertung, die drei Sterne, erhalten. Im Gegensatz zu: Sven Elverfeld, „Aqua", Wolfsburg; Christian Jürgens, „Überfahrt", Tegernsee; Jan Hartwig, „Atelier", München.

Es stammt aus einer a. Bio-Haltung. Die erste Ziffer des Stempels gibt Auskunft über die Haltungsform der Hühner. Eine 0 steht für ökologische Haltung und „glückliche Hühner". Eine 1 steht für Freilandhaltung, die 2 für Bodenhaltung und die Ziffer 3 für die Käfighaltung. Die zweite Bezeichnung, der „Erzeugercode", bestimmt das Land. Die nächsten beiden Ziffern das Bundesland und die restlichen den Erzeuger.

Korrekt ist d. Der Sarotti-Mohr wurde in den 1960er-Jahren zu einer populären Werbefigur, mit der die Marke bis heute verbunden wird. Er wurde oft kritisiert, da manche in der Figur des Dieners rassistische Stereotype sahen. 2004 wich der Sarotti-Mohr dem „Sarotti-Magier der Sinne". Statt eines Tabletts in der Hand wirft die Figur auf einer goldenen Mondsichel Sterne in die Luft, außerdem hat der Magier eine goldene Hautfarbe.

Wie viele Drei-Sterne-Restaurants gab es 2018 in Deutschland?

a. 4
b. 6
c. 9
d. 11

Wer war kein Vegetarier?

a. Leonardo da Vinci
b. Adolf Hitler
c. Mohandas Karamchand Gandhi
d. Karl Marx

Was passt nicht dazu?

a. Rib-Eye
b. Entrecôte
c. Hochrippe
d. Roastbeef

Wie sollte die Kerntemperatur eines Steaks „medium rare" sein?

a. 45–50 Grad
b. 52–54 Grad
c. 56–60 Grad
d. 60–62 Grad

d. stimmt. 11 haben 3. Die Zahl der ausgezeichneten Restaurants erreicht mit dem „Guide Michelin" Deutschland 2019 erstmals die Marke von 300, das sind 8 mehr als im Vorjahr. Mit dem „Atelier" im Hotel „Bayerischer Hof" unter Leitung von Jan Hartwig in München kommt ein elftes Drei-Sterne-Haus hinzu. 38 Restaurants haben 2 Sterne. 250 Häuser führen 1 Stern.

Antwort d. ist korrekt. Karl Marx (1818–1883): Er konnte dem schönen Sonntagsbraten von Haushälterin „Lenchen" nicht widerstehen. Der Maler und Wissenschaftler Leonardo da Vinci (1452–1519) hat schon „… in jüngsten Jahren dem Essen von Fleisch abgeschworen". Adolf Hitler (1889–1945) war Vegetarier. Bei Gandhi (1869–1948) liegt es nahe.

d. ist korrekt. Rib-Eye, Entrecôte und Hochrippe meinen alle das gleiche Stück Fleisch. Nur Roastbeef stammt aus einem anderen Teil des Rindes.

Antwort b. ist korrekt. Damit „medium rare" gelingt, braucht das Steak eine Kerntemperatur von 52–54 Grad.

9

Welche Cola wird
in Deutschland seit
1931 hergestellt?

a. Vita Cola
b. Club-Cola
c. Afri-Cola
d. Vivi Kola

10

Was ist Kalbsbries?

a. Hirn
b. Lunge
c. Euter
d. Thymusdrüse

11

Welche dieser Restaurantketten (Systemgastronomie)
wurden in Deutschland gegründet?

a. Churrasco
b. Block House
c. Asado Steak
d. Maredo

Lösung c. ist korrekt. „Afri-Cola" ist eine deutsche Marke und stammt aus dem Hause F. Blumhoffer Nachfolger GmbH aus Köln. Sie ist seit 1931 als Warenzeichen eingetragen. Aus demselben Hause stammt die Orangenlimonade Bluna. Eigentümer der Marke ist die Kölner Familie Karl Flach. In der DDR entstanden Club-Cola und Vita Cola. Vivi Kola fand seinen Ursprung 1936 in der Schweiz. Der legendäre Werbefeldzug des Colaherstellers sorgte 1968 mit dem psychedelisch anmutenden Spot, in dem sich Nonnen mit rot geschminkten Lippen sinnlich entrückt hinter vereisten Scheiben räkeln, bundesweit für Gesprächsstoff und bewegte die Gesellschaft.

d. stimmt. Kalbsbries (Thymusdrüse) wird küchensprachlich der Thymus des Kalbs genannt. Es dient der Ausbildung der Immunabwehr und bildet sich bei ausgewachsenen Tieren zurück.

Sowohl b. als auch c. und d. sind korrekt. „Block House" wurde 1968 in Hamburg und „Asado" 1973 in München eröffnet. Im selben Jahr eröffnete das „Maredo" in Düsseldorf, das „Churrasco"-Inhaber Whitbread PLC aus England 1994 übernahm. Maredo ist bis heute nach Zahl der betriebenen Restaurants Marktführer im Steakhaus-Segment in Deutschland.

12

Welches Tier ist koscher?

a. Damwild
b. Aal
c. Pferd
d. Hummer

13

Was ist keine Rinderrasse?

a. Angus
b. Wagyu
c. Kobe
d. Simmenthaler

14

Surf and Turf meint:

a. Eine Abwandlung der englischen Mahlzeit Fish und Chips
b. Eine australische Spezialität aus Aligatorfleisch
c. Ein Gericht aus der Kombination von Meeresfrüchten und Fleisch
d. Steaks von Rindern, die am Strand weiden

15

Was stimmt? Dry Aged Beef ist …

a. bei konstanter Temperatur und Luftfeuchtigkeit lange gereiftes Fleisch
b. Dörr- bzw. Trockenfleisch
c. Fleisch von älteren Rindern, die lange auf der Weide sein durften
d. bestimmte Zubereitungsart beim Grillen

Lösung a. stimmt. Es gelten die jüdischen Speisegesetze. In der Thora im 3. Buch Mose (Kapitel 11) werden die zum Verzehr gedachten Tiere in erlaubte „koschere" und nicht erlaubte „nicht koschere" Tiere unterteilt. Nach dieser Regelung sind koschere Tiere nur die, die zweigespaltene Hufe haben und Wiederkäuer sind. Im Wasser lebende Tiere sind koscher, wenn sie Flossen und Schuppen haben und zu den Fischen zählen. Die islamische Entsprechung für koscher ist halal.

c. ist korrekt. Kobe ist keine Rinderrasse, sondern eine Herkunftsbezeichnung. Das dazugehörige Rind zum Beef heißt japanisch Tajima. Wagyu-Rind ist eine Rinderrasse japanischen Ursprungs und eine Sammelbezeichnung, unter der auch die Tajima-Rinder fallen.

c. stimmt. Surf and Turf ist eine Kombination üblicherweise aus Steaks und Hummerschwänzen oder Garnelen.

Antwort a. ist korrekt. Dry Aged ist ein bei konstanter Temperatur und Luftfeuchtigkeit gereiftes Fleisch, das sich durch seinen nussigen Geschmack und seine Zartheit auszeichnet.

16

Was heißt Asado?

a. Grillmahlzeit
b. Spieß
c. Steak
d. Mexikanische Pfanne für den Grill

17

Was stimmt? Wet Aged …

a. ist ein speziell mariniertes Steak
b. bezeichnet Rinder, die ganztags auch bei Regen auf der Weide sind
c. ist ein in Folie eingeschweißtes und gereiftes Fleisch
d. ist ein in Salzlake gereiftes Steak

18

Welches Steak hat den größten Filetanteil?

a. T-Bone
b. Porterhouse
c. Rib-Eye
d. Roastbeef

19

Wer darf sich laut Gault Millau als Jahrhundertkoch bezeichnen?

a. Eckart Witzigmann
b. Heston Blumenthal
c. Joan Roca
d. Ferran Adrià

Antwort a. stimmt. Asado bezeichnet eine Grillmahlzeit. In Südamerika wird Asado als Festessen praktiziert.

c. stimmt. Im Gegensatz zu Dry Aged wird das Fleisch in der Folie und nicht an der Luft gereift.

Antwort b. ist richtig. Beim Porterhouse ist der Anteil des Filets am größten. Das T-Bone-Steak erhielt seinen Namen durch seinen typischen Lendenwirbelknochen in Form eines „T", wobei sich auf der einen Seite dieses Knochens das Filet, auf der anderen das Roastbeef befindet. Das Rib-Eye-Steak ist stark marmoriert, hat keinen Filetanteil und stammt aus der Hochrippe des Rindes.

Antwort a. ist richtig. Eckart Witzigmann (*1941) ist der Jahrhundertkoch – genau wie Paul Bocuse (1926–2018). Er etablierte die Nouvelle Cuisine in Deutschland. Heston Blumenthal (*1966) mit dem Restaurant „The Fat Duck" (Molekularküche) zählt zu den besten Köchen, nicht nur in Großbritannien. „König der Molekularküche" wird der Spanier Ferran Adrià (*1962) bis heute von seinen Jüngern genannt. Der Katalane Joan Roca (*1964) kocht erfolgreich – unterstützt von seiner Familie – kreative Gerichte in Girona.

Was ist ein Luma Beef?

a. Fleisch durch Sonne gereift
b. Fleisch mit Edelpilz verfeinert
c. Schweizer Rinderrasse
d. Filet vom Lupus

Welches Produkt trägt kein AOC-Siegel?

a. Roquefort
b. Walliser Roggenbrot
c. Pomerol
d. Emmentaler

Was wird nicht aus Weintrauben hergestellt?

a. Essig
b. Korinthen
c. Sultaninen
d. Traubenzucker

Was ist ein „Blauer Kölner"?

a. Apfelsorte
b. Älteste Weinrebe
c. Käsesorte
d. Gericht aus Köln

b. stimmt. Luma heißt eine neue Methode aus der Schweiz zur Fleischveredelung. Vor der Reifung wird dem Fleisch ein Edelpilz aufgetragen, anschließend wird es am Knochen vier bis sieben Wochen in speziellen Reifekammern luftgetrocknet.

c. ist korrekt. Das Gütesiegel AOC für Appellation d'Origine Contrôlée gibt es für französischen Wein, aber auch für Käse, wie den Roquefort. Es gilt ebenso für einige Produkte aus der Schweiz, wie den Emmentaler. Es gibt aber kein AOC-Siegel für den legendären Bordeaux-Wein Pomerol.

Antwort d. stimmt. Traubenzucker kennt man auch unter den Begriffen Glucose oder Dextrose. Glucose ist ein Einfachzucker, der dadurch zu der Gruppe der Kohlenhydrate gehört. Eine Menge von 100 Gramm enthält als Beispiel in etwa 400 Kalorien.

a. ist korrekt. Der Apfel besitzt eine natürliche Wachsschicht, die ihn bläulich schimmern lässt – daher der Name. Erstmals in Deutschland gezüchtet hat ihn Ende des 19. Jahrhunderts der Privatzüchter Diedrich Uhlhorn Junior aus Grevenbroich. Heute erlebt nicht nur der „Blaue Kölner" sein Revival – viele Biobauern besinnen sich auf traditionelle Geschmäcker und züchten wieder alte Gemüse- und Obstsorten.

24

Wíe heißt der teuerste Kaffee der Welt?

a. Dallmayrs Finest
b. Black Ivory Coffee
c. Kak Choi
d. Kopi Luwak

25

Wie viele Zutaten dürfen laut dem geltenden deutschen Reinheitsgebot für Bier verwendet werden? Wasser plus …

a. eine Zutat
b. zwei Zutaten
c. drei Zutaten
d. vier Zutaten

26

Spaniens berühmte Gazpacho-Suppe sollen die Mauren im Mittelalter nach Spanien mitgebracht haben. Welche Zutaten waren schon immer dabei?

a. Tomaten
b. Knoblauch
c. Olivenöl
d. Paprika

27

Was wird üblicherweise zu Currywurst und Hamburger serviert?

a. „Bratäpfel"
b. „Lebkuchen"
c. „Marzipanherzen"
d. „Zimtsterne"

Es ist d. Warum der Kopi Luwak so teuer ist? Es liegt an den Musangs, einer indonesischen Katzenart. Denn: Katze frisst Bohnen – kann Bohnen nicht verdauen – Bohnen werden fermentiert, sprich „veredelt" – nehmen den natürlichen Weg aus der Katze. Bohnen müssen gesucht, gepult, gewaschen und weiterverarbeitet werden. Macht Arbeit! Macht Sinn? Nun ja, aus Sicht des Tierschutzes sicher nicht. Denn mittlerweile werden die normalerweise in freier Wildbahn lebenden Tiere auf äußerst engem Raum gehalten.

Lösung c. stimmt. Das Bayerische Reinheitsgebot von 1516 erwähnt zwar nur zwei erlaubte Zutaten außer Wasser, nämlich Hopfen und Malz, aber damit ließe sich kein Bier erzeugen, wenn nicht auch noch Hefe mit im Spiel wäre – ohne Hefe kein Gärprozess. Nur war das den Brauern damals noch nicht ganz klar. Heute dürfen nach dem Reinheitsgebot drei Zutaten außer Wasser verwendet werden: Hopfen, Malz und Hefe.

b. und c. sind korrekt. Olivenöl und Knoblauch waren schon immer Bestandteil der kalten Gemüsesuppe. Tomaten und Paprika kamen erst zu Zeiten Kolumbus nach 1492 nach Europa.

27

Lösung a. stimmt. Zu Currywurst und Hamburger gibt es Pommes Frites? Stimmt's? Also, dann ist ja alles richtig, denn Pommes Frites heißen wörtlich genommen gebratene Äpfel – also Bratäpfel.

28

Was versteht man unter „soufflieren"?

a. Jemandem etwas vorsagen
b. Ein Wiener Schnitzel „aufpoppen"
c. Einen Wein verfeinern
d. Besser singen

29

Welche Stadt hat die meisten Michelin-Sterne?

a. Tokio
b. Mailand
c. New York
d. Paris

30

Was ist das Lieblingsgericht in deutschen Betriebsrestaurants?

a. SchniPoSa
b. Spaghetti Bolognese
c. Eisbein
d. Currywust mit Pommes

31

Was passt nicht in die Reihe?

Gillardeau – Ancelin – Bélon – Sylter Royal – Pied de cheval –
Venus – Tsarskaya – Papillon

a. und b. stimmen. Soufflieren bedeutet sowohl jemandem etwas vorsagen als auch ein Gericht besonders fluffig machen. Beim Schnitzel ist es gelungen, wenn die Panade sich wie ein Ballon aufbläst.

Und der Gewinner ist a. Tokio. Tokio hatte 2018 insgesamt 234 Sterne der renommierten Publikation „Guide Michelin". Allein 12 Restaurants haben 3 und 56 Restaurants 2 Sterne. Der älteste Sternekoch in Tokio zählt 92 Lenze. Respekt, liegt wohl am Essen.

Antwort a. stimmt. Schnitzel, Pommes und Salat (SchniPo-Sa) wird in deutschen Betriebsrestaurants wie eh und je am häufigsten verlangt. Auf Platz zwei folgt die Currywurst mit Pommes. Bei Pasta-Gerichten wird Spaghetti Bolognese bevorzugt.

Bis auf die Venusmuschel sind es alles Handelsnamen von Austern, die wohl prominenteste Muschelart. Casanova soll jeden Abend 50 von ihnen verspeist haben. Tatsache ist, dass ihr heute noch aphrodisische Wirkung zugeschrieben wird. Wissenschaftlich belegen lässt sich jedoch nur ihr hoher Nährstoffgehalt, allen voran der Spitzengehalt an Zink.

Geschichte
& Politik

Geschichte & Politik

1

Aus welchem Material ist das Beil von Ötzi?

a. Kupfer
b. Eisen
c. Stein
d. Bronze

2

Seit den Anfängen im Jahr 1810 fiel das Oktoberfest insgesamt 24-mal aus. Wann das letzte Mal?

a. 1813
b. 1948
c. 1972
d. 1980

3

Welches der genannten Familienunternehmen ist das älteste?

a. Dallmayr
b. Wackler
c. Segmüller
d. Trigema

4

Man geht davon aus, dass Heinrich Schliemann Troja entdeckte. Wann war das?

a. 1763
b. 1873
c. 1893
d. 1922

a. ist richtig. Der mehr als fünftausend Jahre alte „Mann
aus dem Eis", der aufgrund der Fundstelle im Ötztal auch
„Ötzi" genannt wird, trug ein rund 60 cm langes Beil bei sich,
dessen Klinge aus reinem Kupfer geschaffen war. Man geht
davon aus, dass er das Beil als Waffe und nicht als Werkzeug
mit sich trug.

Korrekt ist b. Natürlich während des 2. Weltkrieges, aber
auch zwischen 1946 und 1948 gab es kein Oktoberfest, sondern lediglich ein Herbstfest. 1813 fiel das Oktoberfest zwar
auch aufgrund der Napoleonischen Kriege aus, gefragt war
aber „wann zuletzt".

a. stimmt. Auf eine Unternehmensgeschichte seit 1700 kann
das Delikatessengeschäft im Herzen von München zurück-
blicken. Wackler wurde 1909 als Fensterreinigungsbetrieb
gegründet. Trigema, das Textilunternehmen, entstand 1919.
1925 gründete Hans Segmüller einen Handwerksbetrieb in
Friedberg.

Korrekt ist b. 1873 erklärte Heinrich Schliemann Troja als
gefunden. Im Jahre 1763 fand man in Neapel bei Ausgrabun-
gen ein Schild mit der Inschrift „res publica pompeianorum".
Pompeij war offiziell entdeckt. 1893 entdeckte man Delphi.
1922 entdeckte Howard Carter das Grab Tutanchamuns.

5

Wie hießen folgende Städte früher?

a. Oslo
b. Istanbul
c. Chemnitz
d. Sankt Petersburg
e. Mumbai

6

Auf dem Brandenburger Tor in Berlin „fährt" ein bronzenes Viergespann, die berühmte Quadriga. Wohin schauen Rosse und Wagenlenkerin?

a. Nach Norden
b. Nach Osten
c. Nach Süden
d. Nach Westen

7

Mit welcher Eselsbrücke kann man sich merken, was im Jahr 753 v. Chr. geschah?

a. 753 – Rom schlüpft aus dem Ei
b. 753 – bei Issos Keilerei
c. 753 – mit Sparta war's vorbei
d. 753 – Byzanz ist wieder frei

8

2018 lebten laut Statistischem Bundesamt rund 83 Millionen Personen in Deutschland. Wie viele waren es 1871 bei der Reichsgründung?

a. 31 Millionen
b. 41 Millionen
c. 51 Millionen
d. 61 Millionen

a. Christiania
b. Konstantinopel
c. Karl-Marx-Stadt
d. Leningrad
e. Bombay

Korrekt ist b. – die Rosse und die lenkende Friedensgöttin schauen auf die Straße „Unter den Linden", also nach Osten, denn das Gespann fuhr in die Stadt hinein, und die lag 1793, als die Quadriga entstand, noch ausschließlich östlich des Brandenburger Tors.

a. ist korrekt. Rom schlüpfte aus dem Ei, besser gesagt wurde 753 v. Chr. von Romulus und Remus gegründet, der Sage nach beides Kinder des Kriegsgottes Mars und der Priesterin Silvia.

b. stimmt. Zur Zeit der deutschen Reichsgründung im Jahr 1871 lebten 41 Millionen Menschen auf dem damaligen Gebiet des Deutschen Reichs. Die Gründung erfolgte nach dem gemeinsamen Sieg der deutschen Staaten im Deutsch-Französischen Krieg (1870–1871).

9

Der französische Staatspräsident ist gleichzeitig eines der beiden Staatsoberhäupter von ...

a. Monaco
b. Vatikanstaat
c. Andorra
d. Liechtenstein

10

Warum heißt der Börsencrash in New York von 1929 sowohl Black Friday (schwarzer Freitag) als auch Black Thursday (schwarzer Donnerstag)?

a. Es waren zwei unter-
   schiedliche Börsen-
   crashs
b. Es war ein Recherche-
   Fehler der „Washington
   Post"-Redaktion
c. Es war die Nachrichten
   agentur AP (Associated
   Press), sie hatte sich
   verschrieben
d. Es lag an der Zeitver-
   schiebung

11

Welches der folgenden Wörter wurde von der Gesellschaft für deutsche Sprache nicht zum „Unwort des Jahres" gekürt?

a. Gutmensch
b. Alternative Fakten
c. Dönermorde
d. Lügenpresse

Antwort c. ist korrekt. Andorra wurde 1278 gegründet und ist heute flächenmäßig der größte unter den sechs europäischen Zwergstaaten. Es ist weltweit das einzige Land, in dem es zwei ausländische Staatoberhäupter gibt: nämlich den Bischof von Urgell und den französischen Staatspräsidenten.

Antwort d. ist korrekt. Der Name Schwarzer Freitag ist entstanden, da in Europa aufgrund der Zeitverschiebung der Freitag bereits begonnen hatte, während auf dem amerikanischen Kontinent der Donnerstag noch nicht zu Ende war. Somit fiel der Börsencrash in Europa auf einen Freitag.

Es ist d. – aber was nicht ist, kann ja noch werden. Alle anderen wurden zum Unwort des Jahres gewählt.

---------------------------------- ----------------------------------

Welcher Boss passt nicht in die Reihe?

a. Herbert Diess
b. Dieter Zetsche
c. Harald Krüger
d. Joe Kaeser

---------------------------------- ----------------------------------

Bei der Frage, welche Stadt nach Kriegsende 1949 die künftige Hauptstadt Westdeutschlands sein soll, setzte sich Bonn mit 33 zu 29 Stimmen gegen wen durch?

a. Kassel
b. Frankfurt am Main
c. Stuttgart
d. West-Berlin

---------------------------------- ----------------------------------

Was kostete eine Mass Bier 2001 auf dem Münchner Oktoberfest?

a. 6,30
b. 8,70
c. 9,70
d. 11,50

---------------------------------- ----------------------------------

Wer besiegte 1876 am Little Big Horn die Apachen?

a. Ulysses Simpson Grant
b. Armstrong Custer
c. William Tecumseh Sherman
d. Keiner von den dreien

Antwort d. stimmt. Alle bis auf Joe Kaeser von Siemens waren 2018 Vorstandsvorsitzende von Automobilkonzernen: Herbert Diess bei VW, Dieter Zetsche bei Daimler und Harald Krüger bei BMW.

Richtig ist Antwort b. Bonn erhielt in geheimer Abstimmung 33 von 62 Stimmen. Frankfurt erhielt nur 29 Stimmen. Ein Grund hierfür: Es herrschte schlichtweg Raummangel in der Stadt, da während des Krieges zu viele Häuser zerstört wurden. Stuttgart und Berlin schieden bereits im Vorfeld der Wahl aus.

Aussage d. ist richtig. 2001 kostete die Mass noch 11,70 DM. 6,30 Euro ein Jahr später. 2011 stolze 8,70 Euro und 2018 11,50 Euro. Vor allem die höheren Sicherheitskosten und höhere Pachten lassen die Preise jedes Jahr kräftig steigen.

Antwort d. ist korrekt. George Armstrong Custer, General des 7. US-Kavallerieregiments, wurde am 25. Juni 1879 von Sioux-, Cheyenne- und Arapaho-Indianern unter der Führung von Sitting Bull, Crazy Horse und Gall am Little Bighorn River im heutigen Montana vernichtend geschlagen. Apachen spielten am Little Big Horn keine Rolle, jedoch lieferten sie sich mit der US-Armee um 1850 bis 1890 erbitterte Kämpfe.

Welche Verträge beendeten 1955 das Besatzungsstatut in Westdeutschland?

a. Pariser Verträge
b. Zwei-plus-Vier-Vertrag
c. Westfälischer Friede
d. Münchner Abkommen

1919 verlor Deutschland durch den Versailler Vertrag offiziell alle seine Kolonien. Welches war keine Kolonie?

Ostafrika – Südwestafrika – Neuguinea – Kamerun – Togo – Samoa – Westafrika

Wie lautete das Motto der ersten Love Parade 1989 in Berlin?

a. Hyper, hyper
b. Friede, Freude, Eierkuchen
c. Make love, not war
d. Bunt wie die Nacht

Welches Datum steht auf der Tafel der Freiheitsstatue?

a. 12. Oktober 1492
b. 6. Juni 1944
c. 4. Juli 1776
d. 9. April 1865

Antwort a., es waren die Pariser Verträge, die 1955 durch
das deutsche Parlament angenommen und am 5. Mai 1955
unterzeichnet wurden. Die Bundesrepublik erhielt damit zwar
ihre Souveränität, sie war jedoch durch alliierte Vorbehalts-
rechte bis zum Inkrafttreten des „Zwei-plus-Vier-Vertrages" im
März 1991 eingeschränkt. Erst danach wurde Deutschland
völlig unabhängig.

Westafrika war keine deutsche, sondern eine französische
Kolonie. Südwestafrika gehörte zu Deutschland von 1884
bis 1919. Neuguinea-Kaiser-Wilhelms-Land und die Inselwelt
im Stillen Ozean waren deutschen Kolonien von 1885–1919
genauso wie Kamerun (1884–1919), Togo (1884–1919) und
Samoa (1900–1919).

Korrekt ist b., wenn auch a. naheliegend ist. Tatsächlich hieß
das Motto „Friede, Freude, Eierkuchen". „Make love, not war"
hieß der „Slogan" bei Woodstock.

c. ist korrekt. Die Freiheitsstatue hält in der linken Hand eine
Fackel mit vergoldeter Flamme empor und in der rechten
stemmt sie seit knapp 130 Jahren eine Tafel in ihre Hüften.
Auf dieser ist das Datum 4. Juli 1776 zu lesen, das Datum
der Unabhängigkeitserklärung. Die anderen Jahreszahlen:
1492 die Entdeckung Amerikas; 1944 der D-Day; 1865 die
Kapitulation der Südstaaten-Armee, die den amerikanischen
Bürgerkrieg beendete.

20

In welcher Amtszeit wuchs die deutsche Bevölkerung um circa 25 Prozent?

a. In der Amtszeit von Bundespräsident Richard von Weizsäcker 1984–1994
b. In der Amtszeit von US-Präsident Richard Nixon 1969–1974
c. In der Regierungszeit von Premierminister John Major 1990–1997
d. In der Regierungszeit von Frankreichs Präsidenten François Mitterrand 1981–1995

21

„Sobald das Geld im Kasten klingt, die Seele aus dem Fegefeuer springt." Wer störte sich an diesem Spruch besonders?

a. Petrus
b. Martin Luther
c. Papst Johannes Paul II.
d. Steve Bannon

22

Welche Insel gaben die Briten erst 1952 wieder an Deutschland zurück?

a. Sylt
b. Rügen
c. Amrum
d. Helgoland

Lösungen a. und d. stimmen. Während der Amtszeit von Richard Karl Freiherr von Weizsäcker und der Amtszeit von François Mitterand vollzog sich im Oktober 1990 die deutsche Wiedervereinigung. So wuchs die Bevölkerung mal kurz um circa 16 Millionen auf rund 80 Millionen – also um 25 Prozent. John Majors Amtszeit begann am 28. November 1990 und Nixons Präsidentschaft lag schon Jahrzehnte zurück.

Es stimmt b. Ein wesentlicher Punkt, den Martin Luther an der Kirche kritisierte, war der Ablasshandel. Aus Angst vor dem Fegefeuer und dass man keine Vergebung finden würde, erkaufte man sich einfach mit Geld seinen Ablassbrief – kaufte man sich frei von seinen Sünden (statt Beichte, Wallfahrt oder Kirchenbesuch). Luther belastete, dass die Sünder keine Buße taten. Das war eine beliebte Methode in der Zeit um 1500.

Antwort d. ist richtig: Helgoland. Nach dem Krieg nutzten die Briten die Insel noch als Übungsziel für ihre Bomber.

Wie viele der bisherigen Bundeskanzler der Bundesrepublik Deutschland wurden eigentlich in Bayern geboren? Willy Brandt war es nicht: Er stammt aus Lübeck, das hat noch nie zu Bayern gehört. Also?

a. Keiner
b. Einer
c. Zwei
d. Drei

Welches Bauwerk passt nicht in die Reihe?

Königshaus am Schachen – Neuschwanstein – Linderhof – Herrenchiemsee – Schloss Nymphenburg

Wie viel Prozent der 500.000 Einwohner in Südtirol sprechen Deutsch als Hauptsprache?

a. 20 Prozent
b. 40 Prozent
c. 60 Prozent
d. 80 Prozent

In welchen New Yorker Wolkenkratzer schlug bislang kein Flugzeug ein?

a. World Trade Center
b. Empire State Building
c. Trump Building
d. Chrysler Building

c. ist korrekt. Ludwig Ehrhard stammt aus Fürth in Bayern. Es gibt aber noch einen zweiten: Helmut Kohl. Wie bitte, der stammt doch aus der Pfalz?

Oggersheim liegt doch am Rhein, weit weg von Bayern. 1930, als Kohl geboren wurde, gehörte die Pfalz zu Bayern (bis 1945). Bis dahin galt: „Bayern und Pfalz, Gott erhalt's!" Der Vorzeige-Pfälzer ist auch ein gebürtiger Bayer.

24

König Ludwig II. (1845–1886) ließ vier der Schlösser erbauen und eines nicht: Nymphenburg. Konnte er gar nicht, das gab es nämlich schon vor ihm, und er wurde dort geboren. Der italienische Architekt Agostini Barelli erbaute das Schloss im Auftrag des Kurfürsten Ferdinand Maria von Bayern (1632–1679) als Geschenk an dessen Frau zur Geburt des Thronfolgers im Jahr 1670.

25

c. stimmt. Nach dem Ersten Weltkrieg war Südtirol Italien zugesprochen worden. Seit 1972 genießt es eine erweiterte Autonomie. Die rechtskonservative Regierung in Österreich hatte 2018 mit dem Angebot an die Südtiroler, die österreichische Staatsbürgerschaft anzunehmen, für Unmut in Italien gesorgt.

26

Lösung d. stimmt. Traurige Bekanntheit: Am 11. September 2001 lenkten Attentäter Verkehrsflugzeuge in das World Trade Center und brachten es zum Einsturz. 1945 krachte ein unbewaffneter Bomber bei Nebel in das Empire State Building. Ein Jahr später schlug eine zweimotorige Militär-Maschine in das 58. Stockwerk des heutigen „Trump Buildings" ein. Ursache: ebenfalls Nebel.

27

Welches „Mannequin" beziehungsweise welche „Edelprostituierte" wurde 1957 ermordet?

a. Josephine Mutzenbacher
b. Mata Hari
c. Rosemarie Nitribitt
d. Lola Montez

28

Wie habe ich meinen Namen wohl geschrieben?

a. CA…?
b. Ca…?
c. Cæ…?
d. Mal so, mal so?

29

Über 100 Jahre lang durfte und darf niemand das „berühmteste Kleidungsstück der Nation" sehen. Um welches Kleidungsstück handelt es sich?

a. Kleid von Jackie Kennedy
b. Englische Edwardskrone
c. Uniform des Thronfolgers Erzherzog Franz Ferdinand
d. Astronautenanzug (Neil Armstrong)

HARTE
NUSS
VON
CUS

a.

b.

c.

d.

Antwort c. stimmt – es war die fast schon legendäre Rose-
marie Nitribitt, die 1957 in ihrer Wohnung in Frankfurt am
Main im Alter von 24 Jahren ermordet wurde. Bis heute
ranken sich Rätsel und Spekulationen um den Tod der Edel-
Prostituierten, die „engen Kontakt" zu den Ranghöchsten aus
Politik und Wirtschaft pflegte.

Antwort a. stimmt. Cäsar schrieb seinen Namen mit Groß-
buchstaben. Und nicht nur, weil er sich zu den ganz Großen
zählte. Er konnte nicht anders, denn Kleinbuchstaben waren
noch gar nicht erfunden. Sie wurden erst 800 Jahre später
durch Karl den Großen allgemein eingeführt. Ihm haben
wir mit seiner Schriftreform nicht nur die Kleinbuchstaben
(Minuskeln) zu verdanken, er führte auch erstmals den Punkt
sowie das Komma ein.

Es ist a. – „Let them see what they've done", das sagte
Jackie Kennedy, als sie sich nach dem Attentat auf ihren
Mann in Dallas 1963 weigerte, ihr Kostüm (Pink Suit) zu
wechseln. Sie trug das mit dem Blut John F. Kennedys
befleckte Kleid im Krankenhaus in Dallas und auch auf dem
Rückflug nach Washington. Dort kam es schließlich in das
Nationalarchiv, wo es auf Anweisung der Kennedys auch bis
2103 unter Ausschluss der Öffentlichkeit aufbewahrt bleiben
soll.

30

Wer sagte: „Seien wir realistisch, versuchen wir das Unmögliche"?

a. Mahatma Gandhi
b. Che Guevara
c. Steve Jobs
d. Henry Ford

31

Wer meinte auf die Aussage, das Volk könne sich kein Brot leisten: „… dann sollen sie doch Kuchen essen"?

a. Voltaire
b. Marie-Antoinette
c. Maximilien de Robbespierre
d. Ludwig XIV.

32

Welcher deutsche Außenminister wählte 2018 vor einem G7-Gipfel folgende deutliche Worte: „Kündigung des Iran-Abkommens, Zoll-Angriffe, Klimapolitik: Nichts davon wird die Welt besser, sicherer oder friedlicher machen"?

a. Guido Westerwelle
b. Frank-Walter Steinmeier
c. Sigmar Gabriel
d. Heiko Maas

33

Die berühmte Merkel-Obama Holzbank: Wo fand der G7-Gipfel 2015 statt?

a. Heiligendamm
b. Petersburg
c. Elmau
d. Hohenschwangau

Antwort b. stimmt. Zuzutrauen wäre es jedem gewesen, aber tatsächlich stammt das Zitat von dem marxistischen Revolutionär, Guerillaführer der kubanischen Rebellenarmee, Arzt und Autor Che Guevara (1928–1967).

b. stimmt. Gegen Ende des 18. Jahrhunderts rebellierte das französische Volk gegen Hunger und Armut. Es forderte Brot. Die Antwort der Königin von Frankreich Marie-Antoinette: „Dann sollen sie doch Kuchen essen.". Nichts symbolisiert so sehr die Verschmelzung von Naivität und Dekadenz, gepaart mit adligem Hochmut. Marie-Antoinette starb 1793 auf dem Schafott.

d. stimmt. Alle waren Außenminister seit 2009, aber gesagt hat es Heiko Maas, der damit den zu diesem Zeitpunkt amtierenden amerikanischen Präsidenten Donald Trump scharf kritisierte.

Es stimmt c. Der Gipfel 2015 fand im Schloss Elmau in Krün bei Garmisch-Partenkirchen statt. Es war bereits das siebte Treffen der „Gruppe der Sieben", das in Deutschland stattfand. Zuletzt 2007 in Heiligendamm. Seit 1975 treffen sich die sieben Regierungschefs der bedeutendsten Industrienationen, um über Fragen der Weltwirtschaft zu diskutieren, 1998 wurde Russland in den Kreis aufgenommen, 2014 – aufgrund der Annexion der Krim – wieder ausgeschlossen.

Wer sagte: „Der Herr Bundeskanzler badet gerne lau …"?

a. Helmut Schmidt
b. Willy Brandt
c. Franz Josef Strauß
d. Herbert Wehner

Wer ist der Meinung: „Ich lasse mich nicht von einer Kanzlerin entlassen, die nur wegen mir Kanzlerin ist."?

a. Martin Schulz
b. Thomas Middelhoff
c. Horst Seehofer
d. Recep Tayyip Erdoğan

Was fand 1986 nicht statt?

a. Atomarer GAU in Tschernobyl
b. Widerstand gegen die Wiederaufbereitungs-Anlage in Wackersdorf
c. Der Erziehungsurlaub wird eingeführt
d. China trauert um Mao Tse-tung

Wofür steht der „Geist von Kreuth"?

a. Für einen geselligen und denkwürdigen Abend von Politikern
b. Für die Trennung der Fraktionsgemeinschaft CDU/CSU
c. Für politische Einsicht
d. Für einen hochprozentigen Tegernseer Kräuterschnaps

Antwort d. stimmt. Normalerweise drückte sich Herbert Wehner gegenüber Kanzler Willy Brandt (1913–1992) weniger angriffslustig aus, hatte er doch stets seinen „Erzfeind" Franz Josef Strauß (1915–1986) als Ziel rhetorischer Seitenhiebe und Frontalangriffe im Blick.

c. stimmt. Er hatte viel von sich gegeben, kurz nach seiner „Inthronisierung" als Innenminister 2018. Unter anderem auch diesen Satz. Der „Horsti", wie die Mutter Bavaria den ehemaligen bayerischen Landesvater beim „Derbleckn" immer nannte, schoss mit seinen Aussagen zur Asylpolitk dabei öfters nicht nur daneben, sondern auch übers Ziel hinaus.

Korrekt ist d. Um Mao Tse-tung trauerte China 10 Jahre früher, nämlich am 9. September 1976. Mit den Folgen des atomaren GAUs in Tschernobyl müssen wir auch heute noch, nach 30 Jahren, leben.

b. stimmt. Was in leisen Andeutungen und lauten Drohungen anlässlich der Asyldebatte 2018 zwischen der CDU und CSU verbal vonstatten ging, wurde am 19. November 1976 offiziell in Wildbad Kreuth schon einmal beschlossen: die Trennung der CSU von der Schwesterpartei CDU und die bundesweite Ausdehnung der CSU als vierte Partei. Der Beschluss wurde einen Monat später zurückgenommen, die Eigenständigkeit der CSU aber bestätigt.

38

Welche Entführung fand in welchem Jahr statt?
Jan Philip Reemtsma – Richard Oetker – Paul Getty III. –
Theo Albrecht

a. 1996
b. 1976
c. 1973
d. 1971

39

Was bedeutet der N-Day?

a. 15. Mai 1940 der Nylon Day
b. Abdankung Richard Nixons
c. Abwurf der Nuklear-Bombe auf Hiroshima
d. 1944 Beginn der Landung der Allierten in der
   Normandie

40

Wer sagte: „Und vor allem, mein Kumpel ist brandgefährlich"?

a. Andreas Baader über Horst Mahler
b. Hans-Jürgen Rösner über Degowski
c. Beate Zschäpe über Ralf Wohlleben
d. Dieter Zlof über Arno Funke

41

Er zerstörte nicht nur die Dinosaurier. Vor wie vielen Jahren
schlug ein 12 Kilometer großer Asteroid in den Golf von
Mexiko?

a. Vor 36 Millionen Jahren
b. Vor 46 Millionen Jahren
c. Vor 56 Millionen Jahren
d. Vor 66 Millionen Jahren

a. Jan Philip Reemtsma 1996
b. Richard Oetker 1976
c. Paul Getty III. 1973
d. Theo Albrecht 1971

Es war a. der Nylon-Tag. Ob mit Strapsen oder mit Strumpf-band: Der Nylon-Strumpf revolutionierte am 15. Mai 1940 die Beine der Damen und des Mannes Begierde. An diesem Tag wurden die ersten fünf Millionen Paar Strümpfe in den amerikanischen Metropolen verkauft. Der Siegeszug hatte begonnen.

Es sagte b. Hans-Jürgen Rösner über seinen Kumpel Jürgen Degowski während der spektakulären Gladbeck-Entführung 1989. Leider hatte er recht behalten.

Es stimmt d. Mit einer Geschwindigkeit von sage und schrei-be 25 Kilometern pro Sekunde schlug der Asteroid „Chicxu-lub" auf die Erde, dort, wo heute die mexikanische Halbinsel Yucatán liegt. Er löschte mehr als 50 Prozent aller Pflanzen- und Tierarten aus. Warum? Lag es an der „Eiszeit", die nach dem Aufschlag kam, an dem Einschlag selbst oder an den globalen chemischen Reaktionen, die folgten. Die Wahrheit? Wahrscheinlich eine Mischung aus allem.

Geschichte & Politik

42

Wer gehört nicht in die Toskana-Fraktion?

a. Oskar Lafontaine
b. Joschka Fischer
c. Claudia Roth
d. Friedrich Merz

43

Was deckten die Reporter der „Washington Post" nicht auf?

a. Watergate-Affäre
b. Lewinsky-Affäre
c. Pentagon-Papiere
d. NSA-Affäre

44

Drei-drei-drei – bei Issos Keilerei. Wer keilte um sich?

a. Alexander der Große
b. Hannibal
c. Cäsar
d. Napoleon

45

Wer sagte: „Lasst wohlbeleibte Männer um mich sein, mit glatten Köpfen, die des Nachts gut schlafen …"?

a. William Shakespeare
b. Julius Cäsar
c. Hannibal
d. Heike Blenke, Gattin des Autors

d. ist korrekt. Den Fraktionären werden meist die Politiker zugeordnet, die ihren „Alt-68er-Kampfgeist" gegen eine moderate, bürgerliche, genussorientierte Gesinnung eingetauscht haben. Allen gemeinsam ist die Italophilie. Die Vorliebe für italienische Genussfreuden, Ferienhäuser und Zweitwohnsitze. Merz war Fraktionschef der CDU bis 2002. Er verlor 2018 das Rennen um den CDU-Parteivorsitz gegen AKK.

b. stimmt. „Besenkammer-Berichterstattungen" gehören eher nicht auf den Redaktionsplan der „Post". Mit der Veröffentlichung der Pentagon-Papiere 1971 belegte die „Post" die Täuschungen und Fehleinschätzung der amerikanischen Regierung. 1972 folgte der Watergate-Skandal, der den damaligen amerikanischen Präsidenten Richard Nixon endgültig zu Fall brachte. Zusammen mit dem „Guardian" berichtete sie auch über den NSA-Überwachungsskandal. Heute gehört die „Post" dem Amazon-Gründer Jeff Bezos, und Donald Trump ärgert sich über Enthüllungsartikel.

Es stimmt a. Alexander der Große verdrosch 333 v. Chr. die Perser.

Es stimmt a. und eigentlich auch b., denn es war William Shakespeare, der diese Worte in Julius Cäsars Mund legte in: Julius Cäsar, The Tragedy of Julius Caesar, 1. Akt, 1. Szene.

46

Wer hieß „Turnschuh-Minister"?

a. Jürgen Trittin
b. Joschka Fischer
c. Daniel Cohn-Bendit
d. Cem Özdemir

47

Weshalb fanden die Geschwister Scholl ihren festen Platz in den deutschen Geschichtsbüchern?

a. Aufgrund ihres Widerstandes gegen das DDR-Regime
b. Aufgrund ihrer Mitgliedschaft in der „Weißen Rose"
c. Sie gründeten 1967 die „Deutsche Studentenpartei"
d. Sie organsierten die erste deutsche „Lichterkette gegen Fremdenfeindlichkeit"

48

Wann wurde erstmals die Sommerzeit in Deutschland eingeführt?

a. 1916
b. 1940
c. 1972
d. 1980

b. stimmt. Als Zeichen des Protestes gegen das herrschende Politikerbild ließ sich Joschka Fischer 1985 in weißen Turnschuhen als erster Minister der Grünen im Hessischen Landtag vereidigen. Später als Mitglied der „Toskana Fraktion" tauschte er Turnschuhe und Jeans gegen Armani-Anzüge.

b. ist korrekt. Sophie und Hans Scholl waren Mitglieder der „Weißen Rose", einer studentischen Münchner Gruppe, die während des Zweiten Weltkrieges im Widerstand gegen den Nationalsozialismus aktiv war. Im Februar 1943 wurden sie vom Hausmeister der Münchner Universität beim Auslegen von Flugblättern beobachtet, an die Gestapo verraten und im Münchener Gefängnis Stadelheim durch die Guillotine enthauptet.

a. stimmt. Während des Ersten Weltkrieges 1916 wurde erstmals und 1940 während des Zweiten Weltkrieges zum zweiten Mal die „Sommerzeit" als Energiesparmaßnahme in Deutschland eingeführt. 1949 einigte man sich in West- und Ostdeutschland darauf, die Uhrumstellung zu beenden. 1978 wurde das Zeitgesetz in Deutschland als Folge der Ölkrise verabschiedet und 1980 in die Praxis umgesetzt.

Die große Sturmflut war ein Ereignis, das wie kaum ein anderes der Hamburger Nachkriegsjahre am 17. Februar 1962 seine Spuren hinterlassen hat. Sie zerstörte die Deiche und kostete 315 Menschen in Hamburg das Leben. Wer wurde an diesem Tag zur Legende?

a. Willy Brandt
b. Heinrich Lübke
c. Ludwig Erhard
d. Helmut Schmidt

In welchem Jahr besetzten französische Truppen nur das Ruhrgebiet?

a. 11. Januar 1918
b. 11. Januar 1923
c. 11. Januar 1944
d. 11. Januar 1945

Wo landete der Privatflieger Mathias Rust 1987?

a. Auf der Moskwa-Brücke
b. Auf dem Roten Platz
c. Auf dem Platz des Himmlischen Friedens
d. Auf dem Wenzels Platz

Für wen galt in Deutschland bis 1919 das Zölibat?

a. Priesterinnen
b. Köche
c. Lehrerinnen
d. Matrosen

Antwort d. ist richtig. Helmut Schmidt ist zu diesem Zeitpunkt Polizeisenator in Hamburg. Er lässt, nachdem er sich einen Überblick verschafft hat, seine Beziehungen spielen und bittet um Hubschrauber und Boote. Ein Verstoß gegen das Grundgesetz! Im Innern darf das Militär damals gar nicht eingesetzt werden, nicht einmal zu Hilfszwecken. Schmidt ist das egal. „Ich habe mich um Gesetze nicht gekümmert".

Antwort b. ist richtig. Das Jahr 1923 wurde zum größten Krisenjahr der Weimarer Republik. Deutschland war mit der Zahlung der Kriegsentschädigung (Reparationen) in Verzug geraten. Als diese nicht termingerecht geliefert wurden, besetzten französische und belgische Truppen das Ruhrgebiet.

Es stimmt a. Mit seiner Cessna 172 P landete er auf der Moskwa-Brücke unweit des Roten Platzes mitten in Moskau. Warum er das tat? Er meinte wegen des Weltfriedens, äußerte aber auch des Spaßes wegen. Die russische Regierung fand das gar nicht lustig und verurteilte ihn zu vier Jahren Arbeitslager. Der Überflieger wurde nach der Verbüßung von 14 Monaten Haft begnadigt.

Korrekt ist c. Eingeführt wurde das Lehrerinnenzölibat im Deutschen Reich 1880. Der Ministererlass verbot Lehrerinnen zu heiraten, sollten sie es doch tun, waren sie ihren Job los. In der Weimarer Reichsverfassung 1919 wurde das Zölibat wieder abgeschafft.

53

Wie hieß die Bild-Zeitung ursprünglich?

a. BILD
b. Revolver-Blatt
c. 10-Pfennig-Bild-Zeitung
d. Alles vom Tage

54

Ozapft is!, heißt es traditionell im Schottenhamel-Zelt, seit Münchens Oberbürgermeister Thomas Wimmer 1950 diese Tradition einführte – mit dem Bier welcher Brauerei?

a. Paulaner
b. Löwenbräu
c. Spaten
d. Hofbräu

55

Wer konnte 1809 dreimal am Bergisel bei Innsbruck gegen Napoleons Truppen und die Bayern gewinnen?

a. Max Planck
b. Wilhelm Tell
c. Andreas Hofer
d. Johann Georg August Wirth

56

In welchem Jahr entdeckte der „Stern" Hitlers Tagebücher?

a. 1963
b. 1973
c. 1983
d. 1993

Antwort c. stimmt. Nach wie vor liest sie angeblich keiner und rund 1,5 Millionen (täglich verkaufte Exemplare) nur wegen des Sports. Zuerst hieß die Zeitung „10-Pfennig-Bild-Zeitung" oder auch „Groschenblatt". Verkauft wurde sie angeblich über die „Bauchladentheke" von Straßenverkäufern.

d. ist korrekt. Bierlieferant für das Schottenhamel-Zelt (ältestes Festzelt auf dem Oktoberfest) war und ist die Spaten-Brauerei – bis auf zwei Ausnahmen: In den Jahren 1950 und 1951 „sprang" die Brauerei Hofbräu vorübergehend als Lieferant ein.

Antwort c. stimmt. Der Tiroler Freiheitskämpfer Andreas Hofer (1767–1810) konnte sich mit seinen Streitkräften erstmals am 12. April 1809 gegen die Bayern durchsetzen, das zweite Mal am 29. Mai. Am 13. August siegte er über 15.000 bayerische, sächsische und französische Soldaten. Die vierte Schlacht verloren die Tiroler. Hofer wurde 1810 in Mantua (Italien) erschossen.

c. ist korrekt. 1983 gingen Vorstandsvorsitzende und Vorstandsmitglieder des Gruner & Jahr Verlages dem Fälscher Konrad Kujau auf den Leim. Sie kauften für rund neun Millionen Mark insgesamt 62 Tagebuchbände, angeblich geschrieben von Adolf Hitler, und veröffentlichten Teile daraus im „Stern". Ihr größter Fehler: Sie hatten die Dokumente nicht auf ihre Echtheit überprüft. Die Sache flog auf – der „Stern" war blamiert.

57

Wer gründete den Spartakusbund?

a. Karl Marx
b. Kurt Schumacher
c. Rosa Luxemburg
d. Karl Liebknecht

58

Was kontrolliert das Parlamentarische Kontrollgremium (PKGr)?

a. Militärische Abschirmdienst (MAD)
b. Bundesnachrichtendienst (BND)
c. Bundesamt für Verfassungsschutz
d. Die Parteien Linke und AfD

59

WIL

HARTE
NUSS
VON
CUS

Welche Person ist hier rätselhaft dargestellt? (Der kleine Rechtschreibfehler in der Lösung soll uns dabei nicht interessieren.) Der Name der Person endet auf …

a. L
b. N
c. O
d. R

c. und d. sind korrekt. Rosa Luxemburg gründete zusammen mit Karl Liebknecht und anderen Abgeordneten der SPD 1914 die „Gruppe Internationale", aus der sich 1917 der Spartakusbund bildete. Dieser ging 1919 in der KPD auf.

Alle vier sind korrekt. Das PKGr ist ein Organ des Deutschen Bundestages oder eines Landesparlamentes, mit dem die Legislative die Arbeit der Exekutive überwachen soll. Das Gremium setzt sich aus Mitgliedern des Bundestages zusammen. Sie werden vom Bundestag bestimmt und in ihrer Anzahl festgelegt. Sie dürfen schnüffeln – sprich sich Akteneinsicht beschaffen und den Behörden einen „Besuch" abstatten. Sie sind zur Verschwiegenheit verpflichtet.

Die Lösung ist a. Der Bruchstrich steht für die Endung …tel wie in ein Viertel. Gesucht war demnach Wilhelm Tel. Verzeihen Sie den kleinen Rechtschreibfehler: Wilhelm Tell!

60

Wer verbreitete Ende der 1940er-Jahre die „Tagebücher der Eva Braun", die sich schnell als Fälschung erwiesen?

a. Leni Riefenstahl
b. Konrad Kujau
c. Luis Trenker
d. Albert Speer

61

Wer ist nicht in Hamburg geboren?

a. Angela Merkel
b. Wolf Biermann
c. Uwe Seeler
d. Helmut Schmidt

62

Wer ist, wenn wir der Bibel glauben, der Stammvater aller Menschen?

a. Abraham
b. Methusalem
c. Noah
d. Keiner der drei Genannten

63

Welche Tiere zieren die Maske des Tutanchamun?

a. Krokodil und Nilpferd
b. Kobra und Geier
c. Ibis und Skorpion
d. Löwe und Giraffe

Korrekt ist c. der Südtiroler Schriftsteller, Regisseur, Schauspieler und passionierte Bergsteiger Luis Trenker gab vor, 1944 hätte ihm die Hitler-Geliebte das 96-seitige, maschinengeschriebene Tagebuch ohne Unterschrift im Grand-Hotel in Kitzbühel überreicht.

Alle sind in Hamburg geboren. Ja, auch Kanzlerin Angela Merkel und Liedermacher Wolfgang Biermann. 1954 erblickte Angela Dorothea Kasner in der Hansestadt das Licht der Welt (1977 heiratete sie den damaligen Physikstudenten Ulrich Merkel, die Ehe wurde 1982 geschieden). Kurz nach ihrer Geburt siedelte die Familie in die DDR über. Wolf Biermann wurde 1936 in Hamburg geboren und ging 1953 in den Osten Deutschlands.

c. stimmt. Adam war nicht genannt. Es musste also Noah sein, denn nur er und seine Kinder überlebten als einzige Menschen die Sintflut.

Es grüßen b. Kobra und Geier oben von der Stirn.

Welches Schiffsunglück kostete die meisten Menschenleben?

a. Untergang der Titanic 1912
b. Untergang der Wilhelm Gustloff 1945
c. Untergang der Estonia 1994
d. Untergang der Costa Concordia 2012

Was ist die Hanseatische Ablehnung?

a. Die Verweigerung der Heuer-Zahlung
b. Die Verweigerung der Schiffseinfahrt in den Hafen
c. Die Verweigerung einer Ordensannahme
d. Die Verweigerung des Flaggenappells

Wer passt nicht in die Reihe?

Barzel – Carstens – Kohl – Dregger – Schäuble – Merz – Merkel – Bosbach – Kauder – Brinkhaus

b. stimmt. Der Untergang des Lazarettschiffes Wilhelm Gustloff am 30. Januar 1945 ist bis heute die größte Katastrophe der Seefahrt. Zwischen 5.000 und 9.000 Menschen ertranken (genaue Zahlen liegen nicht vor). 1.239 Menschen überlebten. Das deutsche Passagierschiff wurde von dem sowjetischen U-Boot S-13 in der Ostsee von drei Torpedos getroffen. Etwa eine Stunde nach dem Beschuss sank es. Titanic-Untergang 1912 – 1.514 Tote. 1994 sank die Estonia – 852 Tote, 2012 Havarie der Costa Concordia – 32 Tote.

c. stimmt. Die Ablehnung der Hanseaten basiert darauf, dass früher mit der Ordensverleihung bzw. -annahme nicht nur Privilegien, sondern auch Pflichten verbunden waren. Besser: Eine Hand wäscht die andere, das heißt, man verliert seine Unabhängigkeit. Also weniger Bescheidenheit, eher Stolz. Die Hanseatische Ablehnung ist übrigens im Hamburger Stadtrecht seit 1270 verankert. Altkanzler Helmut Schmidt und Schauspielerin Inge Meisel, zum Beispiel, machten von dem Gesetz Gebrauch und lehnten die Annahme des Bundesverdienstkreuzes ab.

Es sind die Fraktionsvorsitzenden (auch Fraktionschef) der CDU/CSU-Fraktion seit 1964. Der Politiker Wolfgang Bosbach war nicht Fraktionsvorsitzender. Die Besonderheit in der CDU/CSU-Fraktion liegt darin, dass sie von zwei Parteien gebildet wird. Im Bundestag vereinigen sich die Abgeordneten der beiden Parteien zu einer Fraktion. Ihre Vorsitzenden:
1964–1973: Rainer Barzel; 1973–1976: Karl Carstens
1976–1982: Helmut Kohl; 1982–1991: Alfred Dregger
1991–2000: Wolfgang Schäuble; 2000–2002: Friedrich Merz
2002–2005: Angela Merkel; 2005–2018: Volker Kauder
Ab 2018: Ralph Brinkhaus

67

Wer schrieb: „Am besten gefällt mir noch, dass ich das, was ich denke und fühle, wenigstens aufschreiben kann, sonst würde ich komplett ersticken."?

a. Elke Dubbels
b. Emile Berliner
c. Anne Frank
d. Betty Friedan

68

Die erste Bundestagswahl fand am 14. August 1949 statt. Die CDU/CSU stellte anschließend die stärkste Fraktion im Bundestag. Konrad Adenauer wurde Kanzler. Aus welchen Parteien setzte sich die erste Regierungskoalition zusammen?

a. CDU, CSU, FDP, DP
b. CDU, CSU
c. CDU, CSU, SPD
d. CDU, CSU, FVP

69

In der Bundesrepublik Deutschland gab es bis 2018 acht Bundeskanzler. Wer war bei Amtsantritt bisher am jüngsten?

a. Helmut Kohl
b. Willy Brandt
c. Angela Merkel
d. Gerhard Schröder

c. ist die Lösung. Anne Frank (1929–1945) lebte zur Zeit des Nationalsozialismus. Anne und ihre Familie waren Juden und flohen vor der Verfolgung der Nationalsozialisten aus Deutschland in die Niederlande, als Anne vier Jahre alt war. In einem Hinterhaus in Amsterdam versteckte sich die Familie. Dort hielt Anne ihre Gedanken in einem Tagebuch fest, das ihr Vater nach dem Krieg unter dem Namen „Tagebuch der Anne Frank" veröffentlichte. Anne starb 1945 im Alter von 15 Jahren im Konzentrationslager Bergen-Belsen.

Richtig ist a.: CDU, CSU, FDP, DP (Deutsche Partei), eine rechts gerichtete Partei, die von 1949 bis 1960 an der Bundesregierung beteiligt war und sich 1961 auf Bundesebene de facto auflöste.

c. ist korrekt. Angela Merkel war bei ihrem Amtsantritt im Jahr 2005 die erste Frau auf dem Posten und auch die bisher jüngste Person. Sie war damals 51 Jahre alt.

Bringen Sie die Fotos in die chronologische Reihenfolge:

a.

b.

c.

d.

e.

f.

g.

h.

Die chronologisch richtige Reihenfolge der Bilder ist:
g., b., f., c., d., e., a., h.

g. 1937: Das deutsche Luftschiff „Hindenburg" geht bei seiner ersten Nordatlantikfahrt am 6. Mai auf dem Flugplatz im amerikanischen Lakehurst, New Jersey, in Flammen auf.

b. 1945: Die USA werfen Atombomben auf Hiroshima und Nagasaki. Das Grauen des Zweiten Weltkrieges findet seinen Höhepunkt und nach der japanischen Kapitulation am 2. September 1945 auch ein Ende. Zuvor am 8. Mai trat die bedingungslose Kapitulation des Deutschen Reiches in Kraft.

f. 1961: Am 15. August springt der DDR-Soldat Conrad Schumann über den Stacheldraht in den Westen. Er ist der erste Volksarmist, der auf diese Art und Weise aus der DDR flüchtet.

c. 1969: Am 20. Juli meldet der US-Astronaut Neil Armstrong die erfolgreiche Landung auf dem Mond, den er ein paar Stunden später, am 21. Juli um 02:56:20 Uhr (UTC / Weltzeit), als erster Mensch betritt. Sein Kollege, Edwin Aldrin (Foto), folgt ihm als zweiter.

d. 1970: Das Bild zeigt den Kniefall von Bundeskanzler Willy Brandt in Warschau am 7. Dezember vor dem Mahnmal zum Gedenken an den jüdischen Ghetto-Aufstand von 1943. Diese Geste findet weltweit viel Beachtung und spielt eine wichtige Rolle bei der Aussöhnung zwischen Deutschland und Polen.

e. 1972: Am 8. Juni wird das vietnamesische Dorf Trang Bang von der südvietnamesischen Armee mit Napalm beschossen. Das Foto des fliehenden, mit Brandspuren übersäten Mädchens, Kim Phúc, zeigt die Schrecken des Krieges und geht um die Welt.

a. 1989: Am 4. Juni rollen in Peking Panzer gegen einen Volksaufstand am „Platz am Tor des Himmlischen Friedens". Ein junger Mann stellt sich den Panzern entgegen und hält diese kurzzeitig auf. Das chinesische Militär schlägt die Proteste gewaltsam nieder. Menschenrechtsorganisationen gehen von Hunderten Toten aus.

h. 1990: Am 14. Juli reist Bundeskanzler Helmut Kohl nach Moskau und in den Kaukasus, um mit dem Präsidenten der Sowjetunion Michail Gorbatschow die letzten Hürden zur Deutschen Einheit zu überwinden. Danach spricht man vom „Wunder vom Kaukasus".

Richtig oder falsch?

Richtig oder falsch?

1

Welche Aussage ist falsch?

a. Reinhold Messner hat sicher keine Akrophobie
b. Wackler ist seit 2018 klimaneutral
c. Bückware bezeichnete in der ehemaligen DDR Ware, für die der Verkäufer sich sinnbildlich unter den Ladentisch bücken musste
d. Belle Époque war die Zeit um 1925

2

Welche Aussage ist falsch?

a. Preisstabilität ist das vorrangige Ziel der Geldpolitik der EZB
b. Rübezahl ist der Berggeist des Riesengebirges
c. MAN steht für Maschinenfabrik Augsburg-Nürnberg
d. Körpergewicht beeinflusst nicht den Blutalkoholwert

3

Welche Aussage ist falsch?

a. Der Jaguar lebt in der „Neuen Welt"
b. Am 17. Dezember 1960 stürzte ein Flugzeug in die Münchener Innenstadt
c. Seit dem 1. August 2010 gibt es in Bayern ein Gesetz zum Schutz der Nichtraucher
d. Espresso ist nicht so magenfreundlich wie Kaffee
e. Fette Henne oder Krause Glucke ist eine Pilzart

Aussage d. ist falsch. Die Belle Époque oder auch Schöne Epoche war früher. Es ist eine Zeitspanne von etwa 30 Jahren um die Wende vom 19. zum 20. Jahrhundert. Die genaue Datierung ist nicht verbindlich geregelt. Meist wird die Zeit von 1884 bis zum Ausbruch des Ersten Weltkrieges 1914 genannt. PS: Akrophobie ist der lateinische Fachbegriff für Höhenangst.

Gesucht ist d. Die Höhe der Blutalkoholkonzentration nach dem Konsum alkoholischer Getränke wird durch eine Vielzahl individueller Faktoren beeinflusst. Neben anderen vor allem durch Körpergewicht, Körpergröße und Geschlecht.

d. ist falsch. Der Jaguar ist die einzige Großkatze in der Neuen Welt – sprich Amerika. Bei dem Absturz einer US-Air-Force-Maschine 1960 kamen 52 Personen in München ums Leben. Seit August 2010 darf in der bayerischen Gastronomie ausnahmslos nicht mehr geraucht werden. Und die beiden „Hühner" sind ein Pilz. Aber: Espressobohnen werden länger geröstet als andere Kaffeebohnen. Dabei gehen vor allem Säuren verloren, was die Magenfreundlichkeit des Espressos verbessert.

Richtig oder falsch?

4

Welche Aussage stimmt nicht?

a. Als maderisiert bezeichnet man einen überalterten Wein
b. Wer vom „Bouquet" eines Weines spricht, der meint den Geruch
c. Ein junger, fruchtiger Rotwein sollte idealerweise bei einer Temperatur von 12–13 Grad getrunken werden
d. Eine 6-Liter-Weinflasche nennt man Nebukadnezar

5

Eine Aussage ist falsch?

a. Indonesien ist nach China, Indien und den USA das bevölkerungsreichste Land der Welt
b. Charlie Chaplin erhielt den Oskar für die beste männliche Hauptrolle
c. Winston Churchill war Nobelpreisträger für Literatur
d. Die Aussage „Ruhig, Brauner" kommt in der Oper „Walküre" von Richard Wagner vor

6

Welche Aussage ist falsch?

a. James Dean starb 1955 in einem Porsche 550 Spyder
b. Niki Lauda verbrannte 1976 fast auf dem Hockenheimring
c. 1982 stürzte Grace Kelly mit dem Auto 40 Meter in die Tiefe und verstarb
d. Diana, Princess of Wales, verunglückte 1997 tödlich bei einem Autounfall in einem Pariser Tunnel

d. ist falsch. Es sind 16 Liter, die in eine Nebukadnezar-Weinflasche passen und nicht 6. Sie werden häufig für Champagner eingesetzt, manchmal auch für den Burgunder verwendet. 6-Liter-Weinflaschen heißen je nach Inhalt Methusalem oder Imperiale.

b. ist nicht korrekt. Man glaubt es kaum, aber das Naheliegendste ist falsch. Charlie Chaplin erhielt nie den Oscar für sein schauspielerisches Talent. 1973 bekam er ihn für die beste Filmmusik zu „Rampenlicht". Außerdem wurde er 1929 und 1972 mit einem Ehren-Oscar für seine Leistungen für den Film „Der Zirkus" sowie für sein Lebenswerk ausgezeichnet. Alle anderen Aussagen stimmen.

b. ist gesucht. Niki Lauda hatte den schweren Unfall auf der berüchtigten Nordschleife am Nürburgring und nicht am Hockenheimring.

Richtig oder falsch?

7

Eine Aussage stimmt nicht.

a. „Pippali" lautet die altindische Bezeichnung für Pfeffer
b. Pata-Negra ist der König unter den Schinken
c. Das Kobe-Beef hat einen geringen Marmorierungsgrad
d. Rindfleisch reift beim Dry Aging an der Luft

8

Welche Aussage ist falsch?

a. Der VW T1 Bulli hat vorne ein Brezelfenster
b. Gänse können während der Schwingenmauser nicht fliegen und sind leicht zu bejagen
c. Das Saarland ist seit 1950 Bundesland
d. Die Bestmarke von 2:01:39 h im Marathonlauf wurde durch Eliud Kipchoge 2018 in Berlin über eine Strecke von 42,195 km aufgestellt

9

Eine der folgenden Aussagen ist falsch.

a. Cola-Light und Cola-Zero unterscheiden sich nur im Geschmack
b. Für die Federkielstickerei verwendet man Pfauenfedern
c. Ist der ganze Körper mit Metallfarbe bemalt, erstickt man
d. Bore-out ist die Unzufriedenheit am Arbeitsplatz aufgrund von Unterforderung oder Langeweile

Behauptung c. ist falsch. Gerade im Gegenteil: Das Kobe-Beef hat einen sehr hohen Marmorierungsgrad (bis zu 50 Prozent). Übrigens: Kobe ist keine Rinderrasse, sondern eine Herkunftsbezeichnung. Das dazugehörige Rind zum Beef heißt Tajima. Das uns bekannte Wagyu heißt übersetzt „Japanisches Rind". Tajima ist ein Schwarzrind und eine Unterrasse des Wagyu.

c. stimmt nicht. Es war 1955, als sich die Saarländer in einer Volksabstimmung für den Beitritt zur Bundesrepublik entschieden und dies 1957 auch taten.

Falsch ist c. Das heißt, das Bond-Girl aus dem Film „Goldfinger" (1964) „erstickte" nicht an ihrer flächendeckenden Vergoldung – wenn die Idee von „Goldfinger", gespielt von Gert Fröbe, auch mörderisch gut war und die Frau optisch gut in Szene gesetzt wurde. Wir beziehen zwar einen Teil unseres benötigten Sauerstoffs über die Haut, jedoch nur ein Prozent.

Richtig oder falsch?

10

Welche Behauptung ist falsch?

a. Wenn sich alles nur noch um Macht und Geld dreht, bezeichnet man dies mitunter als „Tanz um das Goldene Kalb"

b. Um den seltenen und sehr teuren chinesischen Raupenpilz zu finden, muss man im Hochland von Tibet in Höhenlagen zwischen 3.000 und 5.000 Metern suchen

c. Die Glückshormone Dopamin und Histamin sind verantwortlich für die Steuerung der Stimmung und des Antriebes beim Menschen

d. Ein Feudel ist ein Wischmopp

11

Eine Aussage stimmt nicht. Welche?

a. Der Kardung La im Nordwesten Indiens ist mit 5.360 Metern der höchste befahrbare Pass der Welt

b. Uschanka ist eine Schapka

c. Die Festlandküste an der Ostsee ist länger als die an der Nordsee

d. Die rechte Gehirnhälfte steht für Emotionen, die linke für Logik

12

Es kann nur eine falsche Aussage dabei sein. Welche?

a. Das Gelbe Trikot trägt der in der Gesamtwertung führende Teilnehmer

b. Der Brite Jason d'Caires Taylor will mit seinen Unterwasser-Skulpturen Haie abschrecken

c. Papst Franziskus sagte 2013: „Die Arbeit ist grundlegend für die Menschenwürde einer Person"

d. 2017 starben 52.000 US-Bürger infolge einer Drogen-Überdosis

d. ist falsch. Der Feudel ist ein Aufwisch-/Putz-Lappen, ein Putz-Fetzen oder wie in Sachsen genannt, ein (Scheuer-) Hader. Der Feudel ist kein Wischmopp, sondern dessen Vorläufer.

d. ist nicht korrekt. Es ist genau andersherum. Sehr vereinfacht gesagt: Für Begriffe wie Liebe, Freiheit, Spontaneität ist die linke Gehirnhälfte zuständig, für analytisches Denken die rechte. Aber keine kommt in der Regel ohne die andere aus – auch wenn es oftmals so scheint.

Falsch ist b. Der Künstler will mit seinen Unterwasser-Skulpturen vor allem auf den Schutz der Natur hinweisen. Einen Teil seiner Kindheit verbrachte Taylor in Malaysia, wo er das Tauchen erlernte. 1998 schloss er ein Studium in „Skulptur und Keramik" ab und erlernte später in der Kathedrale von Canterbury traditionelle Steinbildhauerei.

Richtig oder falsch?

13

Auch hier gilt: Nur eine Aussage ist falsch.

a. Youngtimer sind Liebhaber-Fahrzeuge, die noch keine 30 Jahre alt sind
b. Die BRICS-Staaten sind eine Vereinigung aufstrebender Volkswirtschaften in Asien
c. Der Ex-Spion Alexander Litwinenko starb an einer Polonium-210-Vergiftung
d. Imbeziller ist ein mittelmäßig Schwachsinniger
e. Dank der Resilienz kann ein Mensch Krisen und Schicksalsschläge bewältigen

14

Eine Behauptung ist nicht korrekt! Welche?

a. Blockchain ist eine kontinuierlich erweiterbare Liste von Datensätzen, welche mittels kryptografischer Verfahren miteinander verbunden sind
b. Die tägliche Arbeitszeit darf gemäß der deutschen AZO 10 Stunden nicht überschreiten
c. Die Erde hat einen Durchmesser von rund 18.000 km
d. Das Bitcoin-Zahlungssystem wurde erstmals 1998 in einem unter dem Pseudonym Satoshi Nakamoto veröffentlichten Dokument beschrieben
e. Ohne „MINT" keine Digitalisierung

15

Eine Aussage ist falsch – welche?

a. Kaspar Hauser war ein rätselhafter Findling, der im Alter von 16 Jahren 1728 in Nürnberg „auftauchte"
b. Bei Menschen wird der Verzehr von Insekten als Entomophagie bezeichnet
c. In Nordrhein-Westphalen kann das Töten einer Wespe bis zu 50.000 Euro kosten
d. Hauptsymptome bei dem Tourette-Syndrom sind lautliche und motorische Tics

─────────────── 13 ───────────────

b. ist falsch. B = Brasilien, R = Russia, I = India, C = China, S = South Africa. Also: Es sind nicht nur Staaten aus Asien, die sich 2001 zum ersten Mal zusammenschlossen, um gemeinsame Interessen zu artikulieren, da sie sich in den internationalen Institutionen nicht angemessen repräsentiert fühlten.

─────────────── 14 ───────────────

c. ist gesucht. Knapp daneben. Richtig ist ein Durchmesser von 12.756 Kilometer: rund 16 Mal von München nach Hamburg mit dem Auto. Übrigens: „MINT" ist ein Initialwort, das aus den Begriffen Mathematik, Informatik, Naturwissenschaften und Technik gebildet wird. Diese Fachbereiche bilden den wirtschaftlichen Innovationssektor für die Digitalisierung.

─────────────── 15 ───────────────

a. ist falsch. Es war nicht 1728, als der geistig zurückgebliebene Kaspar Hauser in Nürnberg auftauchte. Es war 1828. Um den Jungen, der später von sich behauptete, nur bei Wasser und Brot in einem verschlossenen Raum aufgewachsen zu sein, ranken sich Mythen. Unter anderem meinten manche, er sei der 1812 geborene Erbprinz von Baden, was aber inzwischen ein Gentest widerlegte.

Richtig oder falsch?

 16

Welche der Behauptungen ist nicht korrekt?

a. Als Stendhal-Syndrom bezeichnet man Störungen dann, wenn sie im zeitlichen Zusammenhang mit kulturellen Reizüberflutungen stattfinden
b. Klatsch ist eine populär gewordene Damen-Abendhandtasche
c. Seit 2010 gibt es an den deutschen Tankstellen kein Normal-Benzin mehr
d. Der trockenste und heißeste Sommer für die bayerische Stadt Kitzingen war im Jahr 2018 mit 39 Grad Celsius.

 17

Eine Aussage ist falsch. Welche?

a. Seit 2018 gibt es in Großbritannien ein Ministerium für Einsamkeit
b. Hospitalismus ist die Angst vor Krankenhäusern
c. Der Agnostizismus verleugnet die Existenz einer höheren Instanz
d. Die britische Schiffs-Stewardess Violet Jessop überlebte die drei Schiffsunglücke der „Titanic", ihres Schwesternschiffes „Olympic" und der „Britannic"

18

Eine falsche Aussage hat sich eingeschlichen.

a. Der Psychiater hat im Gegensatz zum Psychologen Medizin studiert
b. 1,5 Millionen Deutsche klagen über Tinnitus
c. Die „Blonde Emma" übertrifft die „Dicke Bertha"
d. Lösen sich Kondensstreifen langsam auf, weist dies auf eine beständige Hochdrucklage und weiterhin schönes Wetter hin

Die falsche Aussage ist b. Denn die Damen-Abendhand-tasche schreibt man „Clutch" und nicht „Klatsch". Sie ist ohne Henkel und wird elegant unter dem Arm getragen. Für Frauen, die beim Reden gerne gestikulieren und ihren Knirps (in diesem Falle den Schirm) mitnehmen möchten, also eher nicht geeignet.

b. ist falsch. Mit Hospitalismus bezeichnet man die Folgen von Reiz- und Zuwendungs-Entzug. Wer Angst vor Kranken-häusern hat, leidet unter Nosocomephobie.

c. ist nicht korrekt, denn es war die „Schlanke" und nicht die „Blonde Emma", die die „Dicke Bertha" übertrumpfte. Beide „Damen" waren schwere Geschütze – im wahrsten Sinne des Wortes. Sie wurden beide im Ersten Weltkrieg eingesetzt. Es stellte sich heraus, dass sich die „Schlanke Emma" (400 kg und Kaliber 30.5 cm) deutlich besser im Kampf durchsetzt, als die „Dicke Bertha" (800–1.200 kg und 42 cm Rohrdurchmesser).

Richtig oder falsch?

19

Bei einer Aussage wurde geschwindelt. Bei welcher?

a. Bei einer Theobrominvergiftung stirbt der Hund an Schokolade
b. Es gibt keinen Blitz ohne Donner
c. Johannes Bückler war der Schinderhannes
d. Kälber werden bis zu einem Jahr alt, bevor sie geschlachtet werden
e. Plogger sammeln während des Joggens Müll auf

20

Eine Behauptung ist nicht korrekt. Um welche handelt es sich?

a. Der Schmied von Kochel starb am 25. Dezember 1705 bei der Sendlinger Bauernschlacht – auch Sendlinger Mordweihnacht genannt
b. Die Generation Z (1995–2010) wird auch Generation YouTube genannt
c. Mauerspechte haben die Berliner Mauer nach 1989 zerkleinert
d. Schröder, Steinmeier, Steinbrück und Schulz unterlagen als Kanzlerkandidaten Angela Merkel
e. Neandertaler lebten etwa 130.000 bis 30.000 Jahre vor unserer Zeit und kannten keine Dinosaurier

d. ist nicht korrekt. Den meisten Kälbern wird nur ein Leben von sechs Monaten gewährt. Danach werden sie geschlachtet.

Aussage a. stimmt nicht. Der Schmied von Kochel konnte nicht sterben, denn er ist eine Gestalt aus der bayerischen Sagenwelt. Während der Besetzung Bayerns durch kaiserliche Truppen des Habsburgers Joseph I. im Spanischen Erbfolgekrieg soll er einer der Anführer des Bauernaufstandes gewesen sein, der in einem Massaker – auch Sendlinger Mordweihnacht (1705) genannt – gipfelte. Der Sage nach soll er als Letzter gefallen sein. Niederlagen bzw. Gräueltaten sind halt mit – wenn auch erfundenen – Helden besser zu ertragen.

Erdkunde

1

Welcher Fluss mündet nicht in die Nordsee?

a. Donau
b. Rhein
c. Elbe
d. Weser

2

Wie lautet der Name des südlichsten Bundesstaates der USA?

a. Texas
b. Florida
c. Hawaii
d. Kalifornien

3

Ordnen Sie die fünf größten Städte Europas in der Reihenfolge der Einwohnerzahl, beginnend mit der höchsten:

Moskau – Berlin – London – Sankt Petersburg – Istanbul

4

Die Zugspitze war nicht immer Bayerns höchster Berg. Welcher ist der höchste Berg, den Bayern je hatte?

a. Wendelstein
b. Watzmann
c. Großglockner
d. Ortler

Korrekt ist a. Die Donau fließt 2.852 km quer durch Europa und mündet dann ins Schwarze Meer. Der Rhein (1.320 km), die Elbe (1.165 km) und die Weser (433 km) münden in die Nordsee.

c. stimmt. Hawaii liegt auf dem 21. Breitengrad und ist somit der südlichste Bundesstaat der USA. Florida ist lediglich auf dem Festland südlichster Bundesstaat.

Richtig ist:
Moskau: 12,28 Millionen – Istanbul (europäischer Teil): 8,5 Millionen – London: 8,8 Millionen – Sankt Petersburg: 5,3 Millionen – Berlin: 3,6 Millionen. Würde man auch den asiatischen Teil Istanbuls mitzählen, nähme die Stadt mit rund 14,8 Millionen Einwohnern den Spitzenplatz ein. Tokio hat übrigens rund 38 Millionen Einwohner.

d. Ortler stimmt: Unter Napoleon gehörte Tirol einige Jahre zum Königreich Bayern (abgetreten im „Frieden von Pressburg" vom 26. Dezember 1805). Zu Tirol gehörte damals auch Südtirol (das erst 1919 zu Italien wechselte). Der höchste Berg Südtirols ist der Ortler (3.899 m) und der schlägt den Großglockner um 100 m.

Welcher Vulkan begrub bei seinem Ausbruch im Jahr
79 n. Chr. die Stadt Pompeji unter einem Regen aus Asche?

a. Stromboli
b. Vesuv
c. Ätna
d. Monte Nouvo

Die USA haben derzeit 50 Bundesstaaten. 1959 kamen der
49. und der 50. Bundesstaat dazu. Welche waren es?

a. Texas
b. Oklahoma
c. Alaska
d. Hawaii

Welchen Teil der Erde betrat Roald Amundsen als erster
Mensch am 14. Dezember 1911?

a. Das Grönlandschelf
b. Den Südpol (Antarktis)
c. Das Quellgebiet des Amazonas
d. Den Nordpol (Arktis)

Welcher ist der höchste Berg, der auf deutschem Gebiet lag?

a. Chimbarozo
b. Kilimandscharo
c. Elbrus
d. Mount Everest

b. stimmt. Der Vesuv ist bis heute als Vulkan aktiv und gefährlich. Er brach zuletzt 1944 aus. Dem Ausbruch im Jahre
79 n. Chr. fielen schätzungsweise bis zu 5.000 Menschen
zum Opfer. Pompeji sowie drei weitere Orte wurden vollständig unter Asche begraben. Bis zu diesem Zeitpunkt war der
Vesuv rund 800 Jahre nicht ausgebrochen und galt als erlo-
schen. Erst im Jahr 1748 wurde das antike Pompeji wieder-
entdeckt und ist heute Unesco-Weltkulturerbe.

Es waren c. und d.: Alaska wurde am 3. Januar 1959 der
49. Bundesstaat der USA, Hawaii der 50. sieben Monate
später am 21. August.

Korrekt ist b. Der Norweger Roald Amundsen (1872–1828)
betrat als erster Mensch den Südpol und war damit Sieger
im „Wettkampf um den Südpol", den er zeitgleich mit Robert
Falcon Scott geführt hatte, der auf dem Rückweg zum Basis-
lager starb.

Antwort b. stimmt. Tatsächlich galt während der Kolonial-
zeit bis 1918 der Kilimandscharo (von 1902 bis 1964 auch
„Kaiser-Wilhelm-Spitze" genannt) in der Kolonie Deutsch-Ost-
afrika mit 5.895 m als höchster Berg des Deutschen Reiches.
Zwischen 1938 und 1945, in der Zeit des Nationalsozialismus, war es der Großglockner (3.798 m). Und natürlich zeigt
die Zugspitze in 2.962 m Höhe heute die höchste Stelle
Deutschlands an.

Erdkunde

9

Reinhold Messner hat als Erster alle vierzehn Achttausender dieser Welt bestiegen. Wie oft ist er an diesen Bergen insgesamt gescheitert, bis er es geschafft hat?

a. Keinmal
b. Fünfmal
c. Neunmal
d. Dreizehnmal

10

Wo kann der Schatten eines Kirchturms an einem Tag in alle vier Himmelsrichtungen fallen?

a. Spitzbergen
b. Reykjavik
c. Palermo
d. Kapstadt

11

Er liegt genau zwischen einer Ziegenart und einer schlimmen Krankheit. Trotzdem ist er oft Anlass zu einer Taufe wie auch Ausgangsbasis einer Maßeinheit. Wie heißt er?

12

Welcher Staat hat die meisten Zeitzonen?

a. USA
b. Russland
c. Frankreich
d. England

Antwort d. stimmt. Reinhold Messner sagte auf einer Ver-
anstaltung der Wackler Group in München, er habe beim
Scheitern mehr gelernt als beim Erfolg und wer nichts wagen
würde, könne auch nicht scheitern. Er tat es ganze drei-
zehn Mal, bevor er die Gipfel und damit den Erfolg genießen
konnte.

a. stimmt. Spitzbergen: Es liegt nördlich des Polarkreises.
Dort steht die Sonne im Juni 24 Stunden am Himmel und beschreibt dabei einen vollen Kreis: Mittags steht sie im Süden
und um Mitternacht im Norden. Der Schatten fällt somit in
alle Richtungen.

Gemeint ist der Äquator, der zwischen den Wendekreisen
des Steinbocks (Südlicher Wendekreis) und des Krebses
(Nördlicher Wendekreis) liegt. Seeleute müssen bei der
Erstüberquerung ins Wasser (Äquatortaufe). Die Distanz vom
Äquator zum Pol dient als Grundlage für das Urmeter als
zehnmillionster Teil dieser Distanz.

Es stimmt c. Frankreich ist das Land mit den meisten Zeitzo-
nen: 12 an der Zahl. Dank seiner außereuropäischen Territo-
rien – oder besser Überseeregionen – ist Frankreich durch
Inselgruppen in allen drei Ozeanen vertreten. Französisch-
Polynesien – Neukaledonien im Pazifik. Saint-Pierre –
Miquelon – Saint Martin – Guadeloupe im Atlantik und
Réunion – Mayotte im Indischen Ozean.

Was gehört zum „Dach der Welt"?

a. Das Himalaya-Gebirge
b. Das Pamir-Hochland
c. Die japanische Kaiserstadt
d. Tibet

In welchem Land befindet sich der längste Strand der Welt?

a. Chile
b. Brasilien
c. Mexiko
d. Argentinien

Wer war kein Antarktis/Südpol-Abenteurer?

a. Robert Falcon Scott
b. Ernest Henry Shackleton
c. Roald Amundsen
d. Robert Edwin Peary

Wie viele deutsche Städte hatten 2018 mehr als eine Million Einwohner?

a. 2
b. 3
c. 4
d. 5

a., b., d. sind korrekt. Das Dach der Welt ist eine Bezeichnung für die höchstgelegenen Regionen Innerasiens. Die Landmasse liegt im tibetischen Hochland und ist die ausgedehnteste und mit durchschnittlich 4.500 Metern die höchste weltweit. Oftmals wird nur das Pamir-Hochland als das „Dach der Welt" bezeichnet, aber tatsächlich gehören das Himalaya-Gebirge und Tibet ebenso dazu.

Korrekt ist b.: in Brasilien. Der Praia do Cassino ist laut Guinnessbuch der Rekorde unglaubliche 254 Kilometer lang.

Korrekt ist d. Der Amerikaner Robert Edwin Peary (1856–1920) war in entgegengesetzter Richtung unterwegs. Der Polarforscher behauptete, als erster Mensch 1909 die Arktis (Nordpol) erreicht zu haben. Beweisen konnte er es nicht. In der Antarktis (Südpol) war er aber auf jeden Fall nicht.

c. ist korrekt. Berlin mit rund 3,6 Millionen, gefolgt von Hamburg mit rund 1,8 Millionen, dann München mit rund 1,5 Millionen und Köln mit rund 1,05 Millionen.

17

Welche Flussmündung liegt deutlich unter dem Meeresspiegel?

a. Wolga
b. Nil
c. Elbe
d. Jordan

18

Welches Binnenland ist gleichsam nur von Binnenländern
umgeben?

a. Slowakei
b. Luxemburg
c. Ungarn
d. Liechtenstein

19

Wonach richtet sich die Kompassnadel?

a. Nach dem magnetischen Nordpol
b. Nach dem magnetischen Südpol
c. Nach dem Äquator
d. Nach dem Polarstern

20

War Ötzi eigentlich Österreicher oder Italiener? Darüber strit-
ten sich die Grenzwächter. Also: Wo wurde Ötzi gefunden?

a. Österreich
b. Italien
c. Genau auf der Grenze, ein Fuß ragte noch nach
   Österreich
d. Das weiß man nicht genau

Es stimmt d. Der Jordan mündet ins Tote Meer, das einige hundert Meter unter dem Meeresspiegel liegt. Tiefer geht es nicht.

Antwort d. ist korrekt. Liechtenstein ist von Österreich und der Schweiz umgeben, die beide keinen Meereszugang haben.

Korrekt ist b. Die Kompassnadel richtet sich nach dem magnetischen Südpol aus. Damit hat man automatisch auch Norden. Als die magnetische Eigenschaft der Magnetit-Nadel entdeckt wurde, nannte man das Ende weise den Nordpol der Nadel. Erst sehr viel später erkannte man, dass sich bei Magneten immer gegensätzliche Pole anziehen. Da war die Bezeichnung der Polarität aber bereits definiert. Die Erde hat im geografischen Norden also einen magnetischen Südpol.

b. stimmt. Auf den ersten Blick dachte man, er sei ein Deutscher, da er mit Sandalen in den eisigen Bergen unterwegs war. Danach hielt man ihn für einen Österreicher. Dann maß man den Grenzverlauf genau nach – und siehe da: Ötzi mutierte zum Italiener. Deshalb liegt er heute auch im Museum in Bozen (Südtirol).

Wann der erste Mensch den Nordpol erreichte, ist strittig. Wann standen zum ersten Mal nachweislich Menschen auf dem Nordpol, die nicht per U-Boot oder Flugzeug dorthin gekommen waren?

a. 1919
b. 1930
c. 1949
d. 1968

Wo liegt der höchste Gipfel der Erde?

a. Pakistan
b. Indien
c. Nepal
d. China

Welches Mitgliedsland der Europäischen Union hat die größte Gesamtfläche?

a. Spanien
b. Deutschland
c. Dänemark
d. Schweden

Welches Weinbaugebiet grenzt direkt an den Ort Schengen?

a. Mosel
b. Elsass
c. Überetsch (Kalterer See)
d. Burgund

Es stimmt d. Der erste Mensch, der den Pol nachweislich erreicht hat, war der US-Amerikaner Ralph Plaisted (1927–2008). Er führte 1968 eine vierköpfige Gruppe auf Schneemobilen zum nördlichsten Punkt. Einige nahmen schon vorher für sich in Anspruch, die Ersten gewesen zu sein, wie zum Beispiel Robert Edwin Peary oder Frederick Cook, aber bei allen fehlte der Nachweis.

Genau genommen sind c. und d. korrekt. Die Grenze zwischen China und Nepal verläuft über den Mount Everest.

Antwort c. ist korrekt. Das größte Land Europas ist zwar Russland, aber das gehört nicht zur EU. Das zweitgrößte Land ist Dänemark. Denn zu Dänemark gehört auch Grönland. Grönland ist mit über 2 Millionen Quadratkilometern größer als Frankreich, Spanien, Deutschland und Italien zusammen. Grönland selbst ist nicht Teil der EU. Aber es gehört zu Dänemark und ist damit Teil eines Mitgliedslandes der EU.

24

Hier stimmt a. Der Ort Schengen liegt in Luxemburg am Ufer der Mosel. 1985 wurde dort auf einem Moselschiff das Schengener Abkommen unterzeichnet, das die Grenzen zwischen den Mitgliedsländern aufhob.

25

Auf allen Euroscheinen ist eine Landkarte von Europa abgebildet und ein Gebiet welches Kontinents?

a. Nordamerika
b. Südamerika
c. Asien
d. Australien

 26

Wie viele Kilometer muss man von Brasilien aus mindestens gehen, um in die Europäische Union (EU) zu gelangen?

a. Unter 1.000 km
b. 1.000–2.000 km
c. 2.000–4.000 km
d. Über 4.000 km

 27

Wo befinden sich die berühmten Städte Villarriba und Villabajo aus der Fairy-Ultra-Werbung?

a. Spanien
b. Portugal
c. Venezuela
d. Weder noch

28

Welches Bundesland schickt Zuflüsse in Rhein, Donau und Elbe?

a. Hessen
b. Bayern
c. Thüringen
d. Keines

b. ist korrekt. Auf der Rückseite aller Euroscheine ist nicht nur Europa abgebildet, sondern auch diverse Übersee-Gebiete der EU-Länder. Darunter auch Französisch-Guyana in Südamerika. Von hier starten die Ariane-Raketen der Europäischen Raumfahrtagentur ins All. Daneben sind auf den Euroscheinen noch einige Inseln zu sehen, die aber nicht auf einem Kontinent liegen.

Es stimmt a. Es ist weniger als ein Kilometer. Die Brücke von Brasilien in die EU liegt nordöstlich der Stadt Oiapoque im brasilianischen Bundesstaat Amapá und ist nur 378 Meter lang. Über den Grenzfluss Oyapock erreicht man von Brasilien das französische Departement Guyana, das Teil der EU ist.

d. ist korrekt. In keinem der genannten Länder. Beide sind kleine Wunder aus der Marketingabteilung von 1992: denn, die Städte sind pure Erfindungen.

Nur b. wie Bayern. Die Eger entspringt in Bayern und mündet in die Elbe. Der Main fließt in den Rhein und die Donau fließt ohnehin durch Bayern.

Wer hat die meisten Besucher im Jahr?

a. Schloss Neuschwanstein
b. BMW Welt
c. Autostadt in Wolfsburg
d. Oktoberfest

Wie heißt der Zusammenschluss der nördlichsten, westlichsten, östlichsten und südlichsten Gemeinden Deutschlands?

a. WONS
b. Zipfelbund
c. Extremitäten-Club
d. Grenzverein

HARTE
NUSS
VON
CUS

Schloss Neuschwanstein: Von hier aus genoss Märchenkönig Ludwig II. einen traumhaften Blick ins Land. Welchen See konnte er sehen?

a. Forggensee
c. Königsee

b. Chiemsee
d. Weder a., b. noch c.

HARTE
NUSS
VON
CUS

d. ist korrekt. Spitzenreiter ist unangefochten das Oktoberfest mit rund 6 Millionen Besuchern. Kaum zu glauben, dass die BMW Welt (rund 3 Millionen) und die Autostadt (rund 2,2 Millionen) jährlich mehr Besucher haben als Schloss Neuschwanstein (rund 1,3 Millionen).

Es ist tatsächlich b.: der Zipfelbund. Und dies hat nichts mit der Kopfbedeckung Deutschlands beliebtester Keramikfiguren in den Vorgärten zu tun, eher mit den geografischen Spitzen.

Es stimmt d. Vom Schloss Neuschwanstein hat man einen malerischen Blick auf den Forggensee, den viertgrößten See Bayerns (außer man kommt im Winter – dann ist der See nämlich abgelassen). Es ist nur ein Stausee, der erst seit den 1950er-Jahren existiert. Den Forggensee gab es also zu des Märchenkönigs Zeiten (1845–1886) nicht. Die anderen genannten Seen sind viel zu weit weg, als dass man sie vom Schloss aus sehen könnte.

Motor & Drumrum

Motor & Drumrum

Was war am 9. November 1973 möglich?

a. Zu Fuß auf der Autobahn unterwegs sein
b. Die DDR ohne Geld-Mindestumtausch besuchen
c. Mit dem Radio den Bordfunk von Apollo 16 abhören
d. Bei 22 Grad Celsius auf Sylt in der Sonne liegen

Welche ist die älteste Motorradmarke?

a. BMW
b. Honda
c. Harley-Davidson
d. Moto Guzzi

Welches Motorrad-Modell wurde 2017 in Deutschland am häufigsten verkauft?

a. BMW R 1200 GS
b. Kawasaki Z650
c. Yamaha MT-07
d. Harley-Davidson Road King

Wie alt ist ein Auto mindestens, dessen Kennzeichen mit dem Buchstaben H endet?

a. 5 Jahre
b. 20 Jahre
c. 30 Jahre
d. 35 Jahre

1
---

a. ist korrekt. Der 9. November war einer von vier autofreien Sonntagen während der Ölkrise 1973. Man konnte deshalb zu Fuß oder mit dem Fahrrad auf der Autobahn unterwegs sein.

2
---

c. stimmt.
Harley-Davidson – 1903
BMW – 1917
Moto Guzzi – 1921
Honda – 1948

3

Korrekt ist a. – die BMW R 1200 GS – die Ikone aller Reise-enduros wird in Deutschland im Jahr 6.000 bis 7.000 Mal verkauft, rund dreimal so viel wie die Mitbewerber. Seit 32 Jahren definiert „die GS" ihr Segment und ist der zuverlässige Begleiter für jedes Motorradabenteuer, ob im Gelände oder auf der Straße.

4

Antwort c. stimmt. Mit 30 Jahren gilt ein Auto als Oldtimer; H steht für historisch.

5

2017 starben 3.177 Menschen auf den Straßen der Bundesrepublik Deutschland? Wie viele verunglückten 1970 tödlich?

a. Rund 1.000
b. Rund 11.000
c. Rund 16.000
d. Rund 21.000

6

2017 waren rund 46 Millionen Pkw in der Bundesrepublik Deutschland zugelassen. Wie viele waren es 1960?

a. Circa 4 Millionen
b. Circa 6 Millionen
c. Circa 7 Millionen
d. Circa 14 Millionen

7

Die vier Ringe im Logo der Automarke Audi stehen für …

a. vier Simmerringe
b. vier Städte
c. vier Propeller
d. vier Marken

8

Seit wann besteht in der Bundesrepublik Deutschland die Gurtpflicht?

a. 1970
b. 1974
c. 1976
d. 1984

5

d. stimmt. Gurtpflicht, Auto-Sicherheitspakete, konsequente Verkehrsüberwachung, neueste Technik: All dies scheint doch zu helfen, wenn man bedenkt, dass 1970 (allein in Westdeutschland) 21.332 Menschen tödlich verunglückten. Ein trauriger Rekord.

6

Antwort a. ist korrekt. 1960 gab es rund 4,5 Millionen Pkw.

7

d. stimmt. Die vier Ringe stehen für die vier Automarken Audi, DKW, Horch und Wanderer, die sich 1932 unter der gemeinsamen Dachmarke Audi Union zusammenschlossen.

8

Es stimmt Antwort c. Die Gurtpflicht wurde am 1. Januar 1976 eingeführt, zunächst nur für die Fahrer- und Beifahrerplätze. Bestraft wird das „Nicht-Anschnallen" erst seit 1984.

9

Was war 2017 das meistverkaufte Auto in den USA?

a. Chevrolet Impala
b. Ford F150
c. VW Passat
d. Honda Civic

10

Diesel ist nach Rudolf Diesel benannt – und wonach ist Benzin benannt?

a. Nach Carl Benz
b. Nach Weihrauch aus Java
c. Nach dem ätherischen Öl des Kautschukbaums
d. Nach Benjamin Franklin

11

Wie lang ist ein Strich der Fahrbahnmarkierung (Mittelstrich) auf der Autobahn?

a. 2 Meter
b. 4 Meter
c. 6 Meter
d. 8 Meter

12

Welche Automobil-Marken wurden 1909 im Deutschen Reich gegründet und gehören heute zum VW-Konzern?

a. Volkswagen
b. Horch/Audi
c. Skoda
d. Bugatti

Antwort b. stimmt. 17,2 Millionen Neufahrzeuge wurden 2017 in den USA zugelassen. Ganz vorn auf Platz 1 ist der mächtige Pick-up Ford F150 mit 896.764 Neuzulassungen. Die Pick-ups der Ford F-Serie sind die meistverkauften Fahrzeuge der USA – und dies 41 Jahre in Folge.

Lösung b. ist korrekt. Der Begriff „luban dschawi" bedeutet „Weihrauch aus Java" und meint das Benzoeharz, das durch Handelsbeziehungen mit Katalonien nach Europa kam. Aus Benzoe wurde Benzin.

Korrekt ist c. Kaum zu glauben, sie kommen einem deutlich kürzer vor, aber tatsächlich sind es 6 Meter.

Die Antworten b. und d. stimmen. Horch/Audi wurde 1909 gegründet. Wer damit zu suchen aufhörte, hat nur die halbe Wahrheit herausgefunden. Denn auch Bugatti wurde 1909 gegründet – in Molsheim, Elsass, das damals noch zum Deutschen Reich gehörte. Gemein? Stimmt.

Motor & Drumrum

---◉13---

Wer war der erste deutsche Formel-1-Weltmeister?

a. Wolfgang Graf Berghe von Trips
b. Jochen Rindt
c. Michael Schumacher
d. Sebastian Vettel

---◉14---

Was stellt kein bekanntes Auto-Modell dar?

a.

b.

c.

d.

HARTE
NUSS
VON
CUS

---◉15---

Im Logo welcher Automarke verschlingt eine Schlange ein Kind?

a. Alfa Romeo
b. Chrysler
c. Skoda
d. Hyundai

Korrekt ist b. Jochen Rindt (1942–1970) war zwar Österreicher und fuhr für Österreich, wo er aufgewachsen ist.
Geboren aber wurde er in Mainz und behielt immer seinen
deutschen Pass. Tricky – oder? Der erfolgreichste Formel-
1-Fahrer aller Zeiten ist der deutsche Michael Schumacher.
Er sicherte sich insgesamt sieben Weltmeistertitel. Sebastian
Vettel war im Jahr 2010 der jüngste Formel-1-Weltmeister, mit
bisher vier Titeln. Trips verpasste 1961 knapp den Weltmeistertitel und verlor sein Leben auf der Rennstrecke.

b. stimmt. Für den Leoparden gibt es kein Auto-Äquivalent.
Ente und Käfer kennt man als Autos. Und Biene? Heißt italienisch Ape und ist das Pendant zu Vespa/Wespe.

Die Lösung ist a. Alfa Romeo.

16

Was ist der Mindeststandard deutscher Autobahnen?

a. Zwei Spuren in jeder Richtung
b. Zwei Spuren in jeder Richtung plus Standspur
c. Zwei Spuren in jeder Richtung plus zwei Standspuren
d. Jeweils eine Spur für beide Richtungen

 17

Die drei teuersten Autos der Welt stehen seit Jahren im Freien herum, sind nicht abgesperrt und oben offen (das ist egal, denn es wird nicht regnen). Obwohl jedes der Autos rund 40 Millionen Dollar kostete, wird sie keiner klauen. Wie lange stehen die Wagen schon dort?

a. Unter 16 Jahren   b. 15–30 Jahre
c. 30–45 Jahre   d. Über 45 Jahre

HARTE NUSS VON CUS

 18

Wann wurde das Tragen eines Motorradhelmes Pflicht?

a. 1966
b. 1976
c. 1986
d. 1996

19

Immer wieder liest man ja von Rasern auf unseren öffentlichen Straßen. Der schnellste aller Auto-Raser wurde übrigens auf der Autobahn A 5 gemessen, nahe dem Darmstädter Kreuz. Mit welcher offiziell festgestellten Geschwindigkeit?

HARTE NUSS VON CUS

a. 299 km/h   b. 347 km/h
c. 386 km/h   d. 432 km/h

Nur a. Gut zu sehen etwa auf der Autobahn München-Salzburg – vor und nach dem Chiemsee: Hier gibt es über viele Kilometer keine Standspur. Das ist noch der Standard der 1930er-Jahre.

Antwort c. stimmt. Auf dem Mond stehen die drei Mondautos der Apollo-Mondmission trocken und sicher seit den 1970er-Jahren.

b. ist korrekt. Seit 1976 gibt es in Deutschland die Helmpflicht für Motorradfahrer.

Richtig ist Antwort d. Bis heute ungeschlagen ist unser Raser – denn nie wurde ein schnelleres Auto auf öffentlichen Straßen gemessen als beim Straßenweltrekord von 1938 durch Rudolf Caracciola auf der Reichsautobahn am Darmstädter Kreuz: Mit seinem Mercedes-Benz-Rennwagen erreichte er 432 km/h. Sein Konkurrent Bernd Rosemeyer wollte den Rekord mit seinem Auto-Union-Wagen noch am gleichen Tag toppen, kam aber dabei um.

Rechte &
Pflichten

Rechte & Pflichten

1

Bis wann war es gesetzlich verboten, mehr als drei Prozent Rabatt zu geben?

a. 1933
b. 1959
c. 1989
d. 2001

2

In Deutschland durften 1918 Frauen erstmals wählen. War da die Schweiz fortschrittlicher? Seit wann dürfen die Frauen der Schweiz an die Wahlurne?

a. 1848
b. 1912
c. 1954
d. 1971

3

Was wurde 1998 abgeschafft?

a. Brautgeld
b. Schmiergeld
c. Schweigegeld
d. Kranzgeld

4

In welchem Jahr wurde in der Bundesrepublik Deutschland der Eintritt der Volljährigkeit vom vollendeten 21. auf das vollendete 18. Lebensjahr herab- und neu festgesetzt?

a. 1970
b. 1972
c. 1974
d. 1976

Lösung d. stimmt. Was in anderen Ländern üblich, ja sogar zum „guten Ton" gehört, war in Deutschland lange Zeit tabu. Das Rabattgesetz war ein deutsches Gesetz auf dem Gebiet des Wettbewerbs und galt von Januar 1934 bis Juli 2001. In diesem Zeitraum durfte der Rabatt bei Bareinkauf drei Prozent des Warenpreises nicht überschreiten. Typisch deutsch: Schnäppchen ja – Feilschen nein.

Korrekt ist d. Erst 1971 hatten die Frauen in der Schweiz das Recht zu wählen und erhielten somit erst zu diesem Zeitpunkt die vollen Bürgerrechte. Daran hielten sich aber nicht alle Kantone in der Schweiz. Im Kanton Appenzell Innerrhoden konnten die Frauen erst 1990 nach einer Klage vor dem Bundesgericht ihrem Recht nachkommen.

d. ist korrekt. Eine Frau, die ihrem Zukünftigen im Hinblick auf eine versprochene Ehe die sogenannte „Beiwohnung" gestattete, hatte Anspruch auf eine finanzielle Entschädigung, das Kranzgeld, falls der Angebetete die Verlobung dann doch auflöste.

c. stimmt: 1974. Mit Wirkung zum 01. Januar 1975. In der ehemaligen DDR galt man bereits seit 1950 mit 18 Jahren als volljährig.

Was ist beim Autofahren erlaubt?

a. High Heels
b. Flip-Flops
c. Barfuß
d. Gummistiefel

Wird ein Zeuge vor einem deutschen Strafgericht vereidigt, so muss er auf jeden Fall sagen:

a. Ich schwöre es
b. So wahr mir Gott helfe
c. Nichts als die Wahrheit
d. Die Wahrheit, nichts als die Wahrheit

Was versteht man unter einer Josefsehe?

a. Es ist eine gleichgeschlechtliche Ehe
b. Der Ehepartner musste in Bayern geboren sein und den Vornamen Josef haben
c. Josef Frei predigte eine promiskuitive Ehe
d. Aus religiösen Gründen wird in der Ehe auf Geschlechtsverkehr verzichtet

Wann wurde der sogenannte Schwulen-Paragraf 175 StGB in Deutschland abgeschafft?

a. 1944
b. 1964
c. 1974
d. 1994

Alles ist erlaubt, im Falle eines Unfalles entscheidet die Versicherung. Und wie die entscheidet, kann man sich denken. Also: lieber mit festem Schuhwerk auf das Gaspedal.

Es ist a.: Ich schwöre es.

Antwort d. ist richtig: Eine sogenannte Josefsehe ist eine Ehe, in der bewusst keine sexuellen Akte vollzogen werden. Streng Gläubige folgten und folgen damit dem biblischen Beispiel Josefs und Marias. Obwohl religiös geleitet, verstoßen sie damit gegen den „Codex juris", das Gesetzbuch der katholischen Kirche, wonach die Ehe dem Zwecke der Vermehrung dient.

Antwort d. stimmt. Der frühere Paragraf 175 im Strafgesetzbuch wurde in der Kaiserzeit eingeführt. Im Nationalsozialismus diente er als Grundlage für die Verfolgung und Ermordung Homosexueller. Nach Angaben der Antidiskriminierungsstelle wurden in der Bundesrepublik bis 1969 rund 50.000 Männer wegen ihrer Homosexualität verurteilt. Dann wurde der Paragraf entschärft, aber erst 1994 komplett abgeschafft.

Herr Pfiffig findet auf einem Seegrundstück am Starnberger See eine wertvolle antike Münze. Wem gehört der Schatz?

a. Zu 100 Prozent dem Finder
b. Zu 100 Prozent dem Grundstückseigentümer
c. Zu 50 Prozent dem Finder und 50 Prozent dem Grundstückseigentümer
d. Gemäß „Schatzregal" dem Bundesland

Seit wann dürfen Ehefrauen ohne Zustimmung ihres Mannes einer beruflichen oder gesellschaftlichen Tätigkeit nachgehen?

a. 1947
b. 1957
c. 1977
d. 1987

Wie lautet eine übliche Anrede für die Richter eines deutschen Gerichts?

a. Euer Ehren
b. Hohes Gericht
c. Syndikus
d. Euer Gnaden

Ordnen Sie folgende Punkte chronologisch nach ihrer Einführung in Deutschland.

a. Deutsche Mark
b. Grundgesetz
c. Bundeswehr
d. Bundestag

c. stimmt. Der Starnberger See liegt in Bayern. Richtig ist demnach, dass 50 Prozent des Gegenstandwertes dem Finder gehören und 50 Prozent dem Grundstückseigentümer. Im Fall eines unerwarteten Schatzfundes gibt es in den deutschen Bundesländern zwei alternative Regelungen: die Behandlung nach dem Schatzregal oder die Behandlung nach der „Hadrianischen Teilung" (§ 984 BGB).

Man glaubt es kaum. Es ist c. Bis 1977 musste eine Ehefrau ihren Mann um Erlaubnis fragen, wenn sie arbeiten gehen wollte. Machos sahen und sehen darin eine gute Methode, die Frau an das Haus zu binden und in Abhängigkeit zu halten.

Korrekt ist b. hohes Gericht. Wer „Euer Ehren" getippt hat, sollte auf seinen Konsum amerikanischer Filme achten, denn „Euer Ehren" gibt es nur in den Staaten.

Die Reihenfolge a. – b. – d. – c. ist korrekt. Die Deutsche Mark wurde am 21. Juni 1948 als Zahlungsmittel eingeführt. Die Bundesrepublik Deutschland gibt es seit dem Inkrafttreten des deutschen Grundgesetzes, dem 23. Mai 1949. Der erste Deutsche Bundestag trat erst am 14. September 1949 in Bonn zu seiner ersten Sitzung zusammen. Die Bundeswehr wurde sechs Jahre später gegründet.

Schnelle Denke – langes Grübeln

1

Heute ist Montag. Welcher Tag ist fünf Tage nach gestern?

2

Welcher Zahl entspricht der lateinischen Zeichenkombination MMXIX?

3

Kästchenweise! Höchste Zeit, die grauen Zellen mal wieder spielen zu lassen:

A – B – C – D

Welcher Buchstabe stimmt?

D	U	I	N	E	D
N	L	I	O	C	E
S	H	U	T	N	B
C	G	O	L	D	A
U	E	T	R	E	G
A	T	R	A	D	!

HARTE NUSS VON CUS

Freitag. Manche sagen auch – T. G. I. F.: Thanks God It's Friday.

Die richtige Antwort lautet 2019.

Im Fragentext weisen wir auf die „grauen Zellen" hin. Betrachten wir also erst mal nur die grauen Zellen, dann ergibt sich folgendes Bild: In Worten: „Die Lösung lautet A!"
Zur Bestätigung sehen wir uns nur die weißen Kästchen an:
„ … und nicht B, C oder gar D"?

Lösungskasten a)

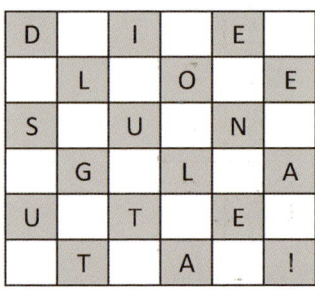

D		I		E	
	L		O		E
S		U		N	
	G		L		A
U		T		E	
	T		A		!

Lösungskasten b)

	U		N		D
N		I		C	
	H		T		B
C		O		D	
	E		R		G
A		R		D	

4

Zwanzig minus vier geteilt durch einhalb?

5

Was ist das: Viel Russland, viel Türkei und wenig Ägypten?

6

Die Zahl 2 verhält sich zu 8 wie 5 zu ...

a. 15
b. 100
c. 125
d. 150

7

Bei einem Fußballturnier treten 22 Teams gegeneinander an. Sie müssen jeder gegen jeden spielen. Wie viele Teams können nach elf Runden noch ungeschlagen sein?

4

20 − 4 : 0,5 = 12.
Es gilt Punkt vor Strich,
also: 20 − (4 : 0,5) = 20 − 8 = 12

5

Asien

6

c. stimmt. 2 x 2 x 2 = 8; 5 x 5 x 5 = 125

7

Alle: Wenn Sie immer unentschieden spielen.

8

$(a - m) \times (b - m) \times (c - m) \ldots (z - m) = ?$

a. $(a - z)^2$
b. $(a^2) \times (a^2)$
c. < 1
d. > 1

9

Ein Schiff liegt im Hafen. Es ist Ebbe. Am Schiff ist außen eine Eisenleiter befestigt, deren unterste Sprosse genau auf der Höhe der Wasseroberfläche liegt. Die Leiter hat 10 Sprossen, die jeweils 10 cm auseinanderliegen. Nun kommt die Flut. Sie steigt pro Stunde um 20 cm. Nach wie viel Stunden reicht das Wasser bis zur letzten Sprosse?

10

Es hat ein Loch, es macht ein Loch und es schlüpft schließlich selbst durch ein Loch. Was ist das?

11

Wie oft kommt die Zahl 9 in der Zahlenreihe 1 bis 99 vor?

Korrekt ist Antwort c. Da hätte Einstein aber gefeixt. In unserer Multiplikation taucht irgendwann eine Null auf: $(m - m) = 0$. Und damit wird die ganze Rechnung zu 0. So einfach kann die Lösung sein.

9

Das Schiff steigt mit, sofern es nicht versenkt worden ist – also bleibt der Wasserspiegel immer dort, wo er am Anfang auch ist.

10

Die Nähnadel!

11

Die Zahl 9 kommt selbst nur einmal vor. Die Ziffer 9 kommt 19 Mal vor.

Die elf Sportler stehen so aufgereiht, dass je drei nebenein-
anderstehende Spieler zusammen 100 Jahre alt sind. Nr. 2 ist
40 Jahre alt, Nr. 10 ist 30 Jahre alt. Wie viele Jahre alt ist der
Spieler in der Mitte mit der Nr. 6?

a. 20
b. 30
c. 40
d. 50

HARTE
NUSS
VON
CUS

Ein Freund erzählt Ihnen: „Vorgestern war ich noch 49, aber
nächstes Jahr werde ich schon 52." Wie geht das?

Ein Eisbär frisst durchschnittlich pro Jahr …

a. bis zu 10 Pinguine
b. 15 bis 20 Pinguine
c. 25 bis 30 Pinguine
d. gar keine

Antwort b. stimmt. Den Rechts- und den Linksaußen brauchen wir für die Rechnung nicht. Beginnen wir mit Nr. 2, 40 Jahre alt. Dann müssen die beiden Kollegen Nr. 3 und Nr. 4 zusammen 60 Jahre alt sein – denn alle drei Spieler (Nr. 2, 3 und 4) sind ja zusammen 100 Jahre alt. Wenn Nr. 3 und Nr. 4 zusammen 60 Jahre alt sind, dann muss Nr. 5 genau 40 Jahre alt sein. Nach dem gleichen System rechnen wir von rechts bis zur Nr. 7 – die ist 30 Jahre alt. Nr. 5 und Nr. 7 sind zusammen 70, also muss Nr. 6 wie alt sein?
Richtig: 30 Jahre.

Sportler Nr.	1	2	3	4	5	6	7	8	9	10	11
Alter	30	40	30	30	40	30	30	40	30	30	40

Es ist der 1. Januar und Ihr Freund hat am 31. Dezember Geburtstag. Beispiel: Er war am 30. Dezember 2012 noch 49. Am 31. Dezember 2012 wurde er 50. Am 31. Dezember 2013 wird er 51 und ein Jahr später 52. Am 1. Januar 2013 traf seine Aussage also zu.

d. ist korrekt. Nein, gar keine – denn Pinguine leben am Südpol (Antarktis), am Nordpol (Arktis) leben die Eisbären – mit die ersten Verlierer des Klimawandels auf dem schwindenden „ewigen" Eis.

15

Fünf Würfel sind übereinandergestapelt. Die Augenzahl der obersten Seite des oben liegenden Würfels beträgt 2. Wie viele Augen sind insgesamt sichtbar?

a. 42
b. 52
c. 62
d. 72

16

Eine besondere Seerose verdoppelt ihre Fläche jeden Tag. Nach wie vielen Tagen wäre ein See halb bedeckt, wenn der See nach 100 Tagen voll bedeckt ist?

17

Auto A ist langsamer als das Auto C. Auto D ist langsamer als Auto B, aber schneller als Auto C. Welches Auto ist am schnellsten?

a. A
b. B
c. C
d. D

18

1; 0,5; 0,25; 0,125; wie lautet die nächste Zahl?

a. 0,0625
b. 0,375
c. 0,75
d. 2

Die beiden gegenüberliegenden Seiten eines Würfels ergeben immer die Augenzahl 7. Bei allen Würfeln sind jeweils 4
Seiten zu sehen = 5 x 2 x 7. Beim obersten ist zusätzlich die
2 zu sehen. Ergebnis: 72.

Hier rechnet man am besten rückwärts: Nach 100 Tagen ist
der See ganz von Seerosen bedeckt. Dann füllten die Seerosen am Tag zuvor, also am 99. Tag, erst die Hälfte des Sees.

b. stimmt. Auto B ist am schnellsten.

Korrekt ist a. Es geht in Halbierungsschritten abwärts und die
Hälfte von 0,125 ist 0,0625.

19

Ein Topf kostet komplett mit Deckel 11 Euro. Der Topf allein kostet 10 Euro mehr als der Deckel. Wie viel kostet der Deckel?

a. 1,00 Euro
b. 0,50 Euro
c. 0,25 Euro
d. 2,00 Euro

20

Der kürzeste Tag des Jahres fiel bei uns übrigens – jedenfalls in den letzten 20 Jahren – jedes Jahr auf den gleichen Tag der Woche. Auf welchen?

a. Montag
b. Sonntag
c. Samstag
d. Dienstag

21

Bei einem rechtwinkeligen Dreieck ist a = 3 cm und b = 3 cm. Wie lang ist c ungefähr?

a. Circa 2 cm
b. Circa 3 cm
c. Circa 4 cm
d. Circa 5 cm

22

Wie viel ist das Doppelte der Hälfte von 1,5?

a. 0,5
b. 1
c. 1,5
d. 2

157

b. stimmt. 50 Cent. Der Topf kostet 10 Euro mehr, also 10,50 Euro. Zusammen kosten Topf und Deckel dann 11 Euro.

Antwort b. stimmt. Für die Sommerzeit gilt: Die Zeitumstellung findet seit 1980 immer am letzten Sonntag im März statt. Dabei wird um 2 Uhr die Uhr um eine Stunde auf 3 Uhr vorgestellt. Das bedeutet, dass der ganze Tag um 1 Stunde kürzer ist und nur 23 Stunden hat.

Lösung c. ist korrekt, denn es gilt der Satz des Pythagoras:
$a^2 + b^2 = c^2$
$(3 \text{ cm})^2 + (3 \text{ cm})^2 = c^2$
$9 \text{ cm}^2 + 9 \text{ cm}^2 = c^2$
$c = (\text{Wurzel aus } 18 \text{ cm}^2) = 4,24 \text{ cm}$

Ganz einfach c.
$2 \times (1,5 : 2) = 1,5$

23

Besteigt nach Freiherr von Knigges Buch „Über den Umgang mit dem Menschen" im Kapitel „Auf der Bahnstation und in der Eisenbahn" zuerst die Dame oder der Herr den Eisenbahnwaggon?

a. Dame
b. Herr
c. Es kommt auf die Bahnsteig-
   seite an
d. Es war Knigge egal

24

Was/Wer ist ein(e) „Dabbawala"?

a. Eine indische Transportorganisation
b. Ein tibetanischer Webteppich
c. Anhänger einer fundamentalistischen Randgruppe
d. Ein Tanz, ähnlich dem Zumba

25

Wann wurde das erste iPad von Apple vorgestellt?

a. 2006
b. 2008
c. 2010
d. 2012

26

Welche Aussagen passen zusammen?

a. Wahl zwischen Skylla und Charybdis
b. Wahl zwischen Tür und Angel
c. Wahl zwischen Stock und Stein
d. Wahl zwischen Pest und Cholera

Es war ihm d. schlichtweg egal. Als der Benimmpapst seine Anstandsregeln als Buch 1788 herausbrachte, lag eine Fahrt mit der Eisenbahn noch in weiter Ferne. Die Geschichte der Eisenbahn beginnt erst 1804, als der Engländer Richard Trevithick die erste Dampflokomotive zum Einsatz brachte. Also: keine Eisenbahn – keine Frage für das „wer zuerst". Übrigens fuhr schon 1835 die erste deutsche Eisenbahn.

a. stimmt. Dabbawala ist der „Lieferando" Indiens. Genauer genommen ein Essens-Transport-System. In vielen Großstädten wird das Mittagessen in Metallbehältern „Dabbas" (bei uns früher: Henkelmann) an Büroangestellte geliefert. Das Essen stammt von zu Hause oder von einer Küche. Die rund 5.000 Bringer in Mumbai, die „Dabbawalas", liefern täglich rund 200.000 Essen aus – und das meist pünktlich!

c. ist korrekt. Steve Jobs (1955–2011) präsentierte das erste iPad am 27. Januar 2010.

Es passen a. und d. Beide drücken aus, dass sich jemand zwischen zwei gleich großen Übeln befindet bzw. wählen kann. Bei a. befand sich Odysseus mit seinen Mannen in einer Meerenge und musste zwischen zwei Ungeheuern – Skylla und Charybdis – hindurchschippern. Ergebnis: Verluste durch beide. Pest und Cholera waren beides früher Todesurteile. Heute sterben dank moderner Medizin nur noch circa ein Prozent an Cholera. Bei der Pest liegt die Quote zwischen 60 und 80 Prozent.

27

In Peters Notizbuch finden sich folgende Telefonnummern:

a. Jessica 35 42 01
b. Heike 11 27 36
c. Cindy 88 77 55
d. Mandy 32 32 23

Eine Dame hat ihm ganz sicher eine falsche Nummer gegeben. Aber welche?

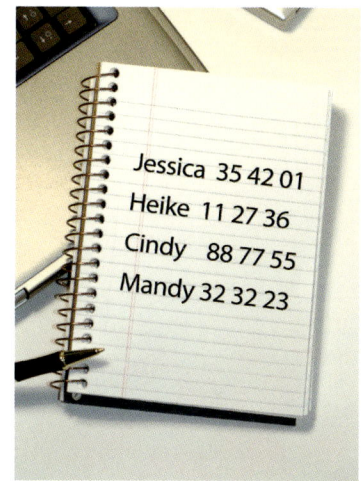

28

Welches ist die nächste Zahl in der Reihe?

31 – 28 – 31 – 30 – ...

29

Was passiert mit dem Wasserstand eines Sees, wenn Sie einen 10 kg schweren Stein von einem Ruderboot ins Wasser werfen?

a. Steigt
b. Sinkt
c. Bleibt gleich
d. Nicht messbar

Korrekt ist b. Heike hat ihm die falsche Nummer gegeben. Denn sobald Peter die ersten drei Ziffern (112) wählt, erreicht er den Notruf der Feuerwehr und des Rettungsdienstes.

Das wäre dann wohl 31 – denn so viele Tage hat der Mai.

b. ist korrekt. Wenn Sie den Stein in den See werfen, erhöht sich das Volumen des Sees um das Volumen dieses Steines, da ein Körper, der schwerer als Wasser ist, sein eigenes Volumen verdrängt. Der Stein befand sich vorher aber bereits im Boot auf dem Wasser. Die mittlere Dichte des Bootes ist geringer als die Dichte des Steines, sodass das Gewicht von 10 kg im Boot mehr Wasser verdrängte, als es der Stein direkt im Wasser tut. Der Pegel sinkt.

30

Wie viele Tiere nahm Moses mit auf die Arche?

a. Zwei von jeder Art
b. Nur Landtiere
c. Keine
d. Alle außer Vögel

31

Welches beliebte Spiel fängt erst richtig an, wenn nichts mehr geht?

32

„Elementar, Dr. Watson" hätte Sherlock Holmes zu diesem Rätsel gesagt:

H B C N O F P S K V ? I W U

Reingelegt! Es ist c. – denn es war Noah, der die Tiere mit auf die Arche nahm und nicht Moses.

Roulette: Rien ne va plus – nichts geht mehr.

Das Periodensystem der Elemente fand Sherlock Holmes wie? Elementar natürlich. Die meisten Elemente haben eine Abkürzung aus zwei Buchstaben wie beispielsweise Na für Natrium. Einige Elemente haben aber auch nur ein Kürzel aus einem Buchstaben und diese haben wir aufgeführt: O wie Sauerstoff, K wie Kalium oder U wie Uran. An erster Stelle unserer Reihe steht das Element mit der Ordnungszahl 1 wie H Wasserstoff. Als nächstes Element mit einem Buchstaben folgt B wie Bor, dann C wie Kohlenstoff usw. Für das Fragezeichen haben wir das Y wie Yttrium gesucht.

33

Wer passt nicht in die Reihe?

Rothirsch–Damhirsch–Reh–Gnu–Elch–Ren

34

Was hat der Bundestag zu einer Toilette umgebaut?

a. Sauna
b. Zelle
c. Massageraum
d. Schlafsaal

35

Was hat immer 21 Zacken?

a. Briefmarke
b. Kronkorken
c. Komodowaran
d. Leibniz-Keks

36

SAGEN, BLUTEN, BAR, MULL, ZUCKEN, OHR, LOTEN, WAHREN, TAFELN, KUR

HARTE
NUSS
VON
CUS

Die Worte oben erfüllen alle eine bestimmte Bedingung. Von den vier Wörtern unten erfüllt nur eines diese Bedingung. Welches?

a. Losung
b. Parole
c. Code
d. Wort

Bis auf das Gnu handelt es sich um Hirsche (Familie der Hirsche) aus der Ordnung der Paarhufer. Gnu ist eine afrikanische Antilope (Familie der Hornträger). Übrigens: Das weibliche Reh heißt Rickenkitz. Wenn es älter wird, nennt man es Schmalreh. Nachdem es selbst Junge bekommen hat, spricht man von einer Ricke. Das männliche Reh heißt Rehbock. Den männlichen Rothirsch nennt man „Hirsch", das weibliche Tier wird „Rottier", oder „Hirschkuh"genannt, die Jungtiere sind die „Hirschkälber". Rothirsch und Reh gehören zwar biologisch gesehen zu einer Familie, sind jedoch, wie Gans und Ente verschiedene Arten mit unterschiedlichem Verhalten und Eigenschaften.

a. ist korrekt. Eigentlich sollten die Abgeordneten ausreichend ins Schwitzen kommen. Aber tatsächlich wurde 2003 im Marie-Elisabeth-Lüders-Haus eine Sauna eingebaut. Doch kaum einer wollte hin. Jedenfalls wurde die Sauna 2012 zu einer Toilette umgebaut.

Lösung b. war gesucht. Zählen Sie mal die Zacken beim nächsten Schluck Bier. Am besten beim ersten.

Es stimmt a.: Nur Losung wird wie alle Wörter ganz oben durch zwei Pünktchen zu einem neuen Wort: Aus Losung wird Lösung.

Schnelle Denke – langes Grübeln

---------------- 37 ----------------

Was ist keine Gattungsmarke?

a. Uhu
b. Tampon
c. Föhn
d. Tesa

---------------- 38 ----------------

Welche drei dieser indischen Götter gehören zur Trimurti?

a. Brahma
b. Ganesha
c. Shiva
d. Vishnu

---------------- 39 ----------------

Der Gerichtsvollzieher hat Peters Schaukelpferd beschlagnahmt. Was steht seither auf Peters Pferd?

a. „Kuckuck"
b. „Beschlagnahmt"
c. „Pfandsiegel"
d. „Finger weg"

---------------- 40 ----------------

Was ist 18 cm lang, soll angeblich viele Frauen (und auch Männer) besonders glücklich machen und wird ab 2018 nicht mehr hergestellt?

a. 18-cm-Stilettos
b. 500-Euro-Schein
c. Piccolo-Sektflasche
d. Beifahrerspiegel

Es stimmt b. Und wer dachte, Föhn sei richtig, irrte. Tatsächlich brachte die Firma Sanitas 1908 den ersten Haartrockner unter der Modell-Bezeichnung „FOEN" heraus, die bis heute Synonym für diese Gerätegattung ist. AEG übernahm 1957 die Marke. Übrigens: Geworben wurde früher auch mit der Bezeichnung „Heißluftdusche".

a., c., d. sind korrekt. Trimurti bezeichnet im Hinduismus die Vereinigung von „Erschaffung" „Erhaltung" und „Zerstörung" (Umformung). Für Erstere steht Brahma, für die Erhaltung steht Vishnu und für die Zerstörung Shiva. Ganesha gehört nicht dazu. Er ist „Herr der Hindernisse", Sohn von Shiva und Parvati. Man betet zu dem Gott, wenn man Glück, Erfolg und gutes Gelingen benötigt.

Es ist c. das Pfandsiegel, umgangssprachlich auch Kuckuck genannt. Ebenfalls darauf steht das zuständige Amtsgericht, der Gerichtsvollzieher und die Registernummer.

Antwort b. ist korrekt: der 500-Euro-Schein. Er wird zwar aus Gründen von Terrorfinanzierung und Geldwäsche nicht mehr hergestellt, ist aber nach wie vor gültig.

41

Lumumba ist ein …

a. Getränk
b. Tanz
c. Welthit
d. Stammeskönig

42

Woran scheiterte der legendäre Bergsteiger Reinhold Messner?

a. An einer Schlossmauer
b. An einer Quizfrage bei „Genial daneben"
c. An einem Yeti
d. An der Fahrprüfung

43

Wer passt nicht in die Reihe?

Richard David Precht – Harald Lesch – Mojib Latif – Hannes Ringlstetter – Sascha Lobo – Rolf Dobelli

44

Welche Zahl müsste folgen?

49 – 63 – 66 – 69 – 74 – 82 – 98 – 05 – …

a. 08
b. 21
c. 32
d. 48

Es stimmt a. Lumumba, in Norddeutschland auch „Tote Tante" genannt, ist eine Getränk. Man mixt heißen oder kalten Kakao mit einem Schuss Rum oder Amaretto und je nach Geschmack mit einem Schlag Sahne. Der Begriff „Tote Tante" stammt von der Insel Föhr. Angeblich kam die Urne mit der Asche einer nach Amerika ausgewanderten Föhrerin in einer Kakao-Kiste zurück auf die Insel – na dann Prost!

Es stimmt a. Reinhold Messner (*1944) bezwang alle vierzehn Achttausender dieser Erde und scheiterte … an einer Schlossmauer. Nach einem Restaurantbesuch steht Messner vor verschlossenen Türen seines Schlosses „Juval" bei Meran. „Nichts leichter als das", muss er wohl gedacht haben, klettert auf die drei Meter hohe Mauer, rutscht aus, fällt zweieinhalb Meter in die Tiefe und bricht sich das Fersenbein.

Bis auf den deutschen Kabarettisten, Komiker und Schauspieler Ringlstetter handelt es sich um Forscher, Schriftsteller, Publizisten und Journalisten.

Es stimmt b. Es handelt sich um den Beginn der Amtszeit der Bundeskanzler seit 1949. Die nächste wäre dann 2021.
1949–1963: Konrad Adenauer (CDU)
1963–1966: Ludwig Ehrhard (CDU)
1966–1969: Kurt Georg Kiesinger (CDU)
1969–1974: Willy Brandt (SPD)
1974–1982: Helmut Schmidt (SPD)
1982–1998: Helmut Kohl (CDU)
1998–2005: Gerhard Schröder (SPD)
2005–2021 (!?): Angela Merkel (CDU)

45

Wer gehört nicht zu den „Big Four" der größten Wirtschafts-prüfungsunternehmen?

a. JPMorgan
b. KPMG
c. EY
d. Deloitte
e. PWC

46

Was kommt einmal in der Minute, zweimal im Moment, aber nie in tausend Jahren vor?

47

Wie viele Nachrichten wurden 2018 täglich weltweit über WhatsApp gesendet?

a. 500 Millionen
b. 1 Milliarde
c. 10 Milliarde
d. 65 Milliarden

48

Was versteht man unter einem Oligopol?

a. Einen russischen Milliardär
b. Eine Marktform
c. Ein Mixgetränk
d. Eine geologische Erscheinung

a. stimmt nicht, es ist die größte Investmentbank. Aber alle anderen gehören zu den großen Vier und stehen für rund 67 Prozent des weltweiten Umsatzes in der Wirtschaftsprüfung. Gemeinsam beschäftigen sie über 800.000 Angestellte bei einem Umsatz von rund 120 Milliarden Euro.

Das „M".

Korrekt ist d. Fotos, Videos, Text- und Sprach-Nachrichten – das Motto: erleben und teilen. Täglich wurden rund 65 Milliarden Nachrichten weltweit über WhatsApp versendet.

Es stimmt b. Es gibt ein Nachfrageoligopol, bei dem es wenig Nachfrage, aber viele Anbieter in einem bestimmten Markt gibt. Und es gibt ein Angebotsoligopol, bei dem einige wenige einer großen Nachfrage gegenüberstehen und somit den Markt beherrschen. Beste Beispiele hier: Automobilhersteller, Flugzeugbau, Mineralölindustrie.

49

Wer oder was ist ein Hamperer?

a. Ein Besen
b. Ein „Nichtsnutz"
c. Ein Kamin
d. Ein Tänzer

50

Warum wissen viele Münchner, was sie am 12. Juli 1984 getan haben?

a. Es fand die bis dahin größte Hagelkatastrophe Deutschlands statt
b. Triple-Sieg des FC Bayern Münchens
c. An diesem Tag fand das Münchener Olympia-Attentat statt, bei dem 11 israelische Athleten umkamen
d. Der erste autofreie Sonntag in München

51

Wo eröffnete Deutschlands erster offizieller Nacktbadestrand?

a. Kühlungsborn
b. Usedom
c. Sylt
d. Binz

Antwort b. stimmt. Ein Hamperer ist einer: „der wo nix
gscheid kon – nix Gescheits macht un maont, er sei woass
God wos".

Korrekt ist a. Hagelkörner bis zu 10 cm Größe richteten an
diesem Tag Schäden in Gesamthöhe von drei Milliarden Mark
an. Innerhalb von 25 Minuten wurden 70.000 Gebäude und
rund 200.000 Autos beschädigt. Ein Tag, an den sich nicht
nur jeder Münchener erinnert, er gilt auch als der schwarze
Tag der Versicherungen.

Antwort c. stimmt. 1920 „eröffnete" der erste offizielle Nacktbadestrand auf Sylt. Aktiv waren die ersten Freikörperkultur-
Anhänger bereits Ende des 19. Jahrhunderts, allen voran
in Berlin. Am Ende der Weimarer Republik gab es rund
100.000 FKK-Mitglieder in diversen Vereinen. In der DDR
war das Nacktbaden weitaus häufiger verbreitet als im noch
„prüden" Westdeutschland. Dorthin schwappte die Nakedei-
Welle – wenn auch nur leicht – erst in den 1970ern über.

52

Was fehlt dem guten Mann?

a. Kreis und Quadrat
b. Kreis und Dreieck
c. Dreieck und Quadrat
d. Fünfeck und Kreis

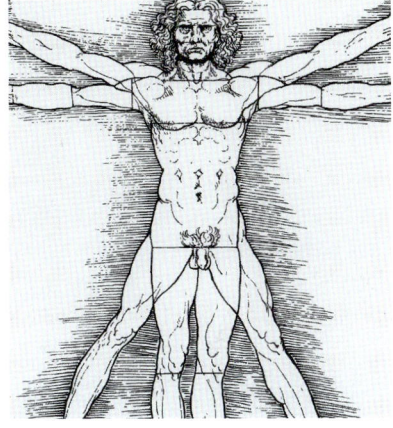

53

Was gehört nicht dazu?

a. Koks
b. Haschisch
c. Marihuana
d. Cannabis

54

Peters Mutter hat vier Kinder. Das erste Kind wurde auf den Namen „Januar" getauft. Das zweite Kind hat den Namen „März" bekommen. Das dritte Kind hört auf den Namen „Mai". Wie heißt das vierte Kind?

a. ist korrekt. Es fehlen Kreis und Quadrat im Bild „Vitruviani-
sche Mensch" von Leonardo da Vinci, um circa 1490.

Antwort a. stimmt. Koks hat nix mit Hanf zu tun, die anderen
drei schon.

Ganz einfach: Peter!

55

Was ist für einen Mensch 15-mal gefährlicher als ein Hai?

a. Kuh
b. Qualle
c. Wespe
d. Kokosnuss

56

Wer oder was ist „Hygge"?

a. Ein Yoga-Lehrer
b. Ein skandinavischer Wohn- und Lebensstil
c. Ein finnisches Nationalgericht
d. Ein IKEA-Sofa

57

Was wurde nach dem russischen Naturwissenschaftler, Dichter, Reformer, kurz Universalgelehrten Michail Wassiljewitsch Lomonossow (1711–1765) benannt?

a. Eine russische Stadt
b. Eine Universität
c. Ein Krater auf dem Mars
d. Eine Brücke in Sankt Petersburg

58

Wie viel Euro bekam die italienische Caritas durch die „Spenden", die Touristen 2016 in den Trevi-Brunnen in Rom warfen?

a. 40.000 Euro
b. 400.000 Euro
c. 1,4 Millionen Euro
d. 2,4 Millionen Euro

Es ist d., die Kokosnuss. Im Durchschnitt sterben jährlich weltweit 150 Menschen an herunterfallenden Nüssen. Übrigens: Killer Nummer 1 ist ein Insekt. Durch den Stich der Anopheles-Mücke sterben jährlich rund 2,7 Millionen Menschen an Malaria. Durch Schlangen sterben 50.000–100.000, durch Skorpione 5.000, durch Krokodile 1.000, durch Elefanten 500, durch Nilpferde 100 und durch Tiger 50 Menschen.

Es stimmt b. Hygge ist das dänische Wort für Gemütlichkeit, das sowohl in der Art der Einrichtung zum Ausdruck kommen kann als auch in der Lebensart, einmal „alles locker hängen zu lassen".

Alle vier!

Korrekt ist c. Wir wissen nicht, ob es Anita Ekberg während der Dreharbeiten zu Fellinis Film „La Dolce Vita" gemacht hat. Aber Millionen von Besuchern der Heiligen Stadt werfen bei einem Besuch Münzen in den Brunnen, in der Hoffnung auf Glück und Wiederkehr nach Rom. So „läpperte" sich 2016 die Rekordsumme von 1,4 Millionen Euro zusammen. Die „Spenden" gehen laut Vertrag an die Caritas.

59

Was versteht man unter dem Begriff „Nudging"?

a. Ein sanftes „Anstupsen", um Verhalten zu ändern
b. Eine neue FKK-Bewegung aus den USA
c. Schlafen auf engstem Raum
d. Neue Form des „Tinderns"

60

Warum ist das Meer blau?

a. Der Himmel spiegelt sich im Wasser wider
b. Phytoplankton verfärbt das Wasser
c. Wasser absorbiert ab einer bestimmten Tiefe sämtliche Farben des Sonnenlichtes. Übrig bleibt „Blau"
d. Es ist eine optische Täuschung, in Wirklichkeit ist es türkis

61

Was gehört nicht dazu?

a. Hidschab
b. Niqap
c. Burka
d. Takke

62

Wer oder was ist umami?

a. Bergmassiv in den Anden
b. Die fünfte Geschmackswahrnehmung
c. Japanische Badetradition
d. Französischer Fußball-Nationalspieler

Antwort a. stimmt. Nudging ist eine verhaltensökonomische Methode, bei der versucht wird, das Verhalten von Menschen auf vorhersehbare Weise zu beeinflussen, jedoch ohne erhobenen Zeigefinger, Verbote oder ökonomische Anreize. Beispiel? Sie möchten ein sauberes Pissoir? Dann kleben Sie das Bild einer Fliege in die Mitte der Schüssel.

60

Korrekt ist c. Und warum das Wasser das kann…? – Das ein anderes Mal…

61

Es stimmt d. Takke ist eine muslimische Kopfbedeckung ausschließlich für Männer. Alle anderen Bekleidungsstücke sind Frauen vorbehalten. Wobei nur die Burka den gesamten Körper der Frau verschleiert. Hitschab ist ein Kopftuch, das Haare, Hals und Ausschnitt bedeckt. Niqap ist ein Schleier, der Kopf, Gesicht und Ausschnitt verhüllt.

62

Antwort b. ist korrekt. Neben süß, salzig, sauer, bitter ist umami die fünfte Geschmackswahrnehmung. Im weitesten Sinne kann man den Geschmack mit würzig – was die wahre japanische Übersetzung ist – und fleischig bezeichnen. So können zum Beispiel Pilze und getrocknete Tomaten ein Gericht umami machen.

63

Wer wird nach wie vor „Monsieur 100.000 Volt" genannt?

a. Valéry Giscard d'Estaing
b. Gilbert Bécaud
c. Louis de Funès
d. Jean Reno

64

Wie viele Zahlen bestehen nur aus drei Buchstaben, wenn man sie ausschreibt? (Es gelten alle Schreibweisen, die der Rechtschreib-Duden auflistet.)

a. 0
b. 1
c. 2
d. 3

65

1991991

Eine Zahl, die man von vorne und von hinten lesen kann. Für wen spielte sie eine ganz besondere Rolle?

a. Trump
b. Ötzi
c. Putin
d. Michael Jackson

HARTE
NUSS
VON
CUS

66

Panamakanal ist ein Wort mit fünfmal „a" in Folge ohne einen anderen Vokal. Schade nur, dass Dreijährige dieses Wort nicht kennen. Das hier gesuchte Wort aber kennt jedes Kind – es bietet fünfmal den Vokal a ohne einen anderen Vokal. Dieses Wort stammt …

a. aus einem Märchen
b. aus der Zauberei
c. aus der Bäckerei
d. aus einem Spielzeugladen

Korrekt ist b. Der französische Sänger und Liederschreiber Gilbert Bécaud (1927–2001) erhielt seinen Beinamen aufgrund seiner Spannung erzeugenden Stimme und seiner dynamischen Bühnenpräsenz. Er schrieb unter anderem auch für die wohl bekannteste Chanson-Sängerin Frankreichs: Edith Piaf. Sein berühmtestes Lied: „Nathalie".

Lösung c. ist korrekt: Es ist nicht „zwei", sondern „zwo". Der Duden lässt diese Schreibweise als Alternative zu „zwei" gelten. Und natürlich die Zahl elf als zweite Zahl mit drei Buchstaben.

Es stimmt b. Zugegeben, die Frage war ganz schön knifflig: Ötzi wurde am 19.9.1991 gefunden.

Antwort b. stimmt. Ganz einfach „Abrakadabra".

67

Sie parken um 10:08 Uhr. Sie dürfen mit Ihrer Parkscheibe 60 Minuten parken. Sie stellen die Parkscheibe korrekt ein. Ab welcher Uhrzeit droht ein Knöllchen oder Schlimmeres?

a. 11:08 Uhr
b. 11:09 Uhr
c. 11:23 Uhr
d. 11:30 Uhr

68

Welches Unternehmen wurde nach einer Figur aus dem bekannten Buch-Besteller „Moby-Dick" benannt?

a. Lufthansa
b. Starbucks
c. Käpt'n Iglo
d. Bosch

69

Welche Bezeichnung darf ein Arzt in Deutschland immer führen?

a. Arzt
b. Dr. h. c.
c. Dr. med.
d. Dr. dent.

70

Warum sind die Minarette des Taj Mahal leicht nach außen geneigt gebaut worden (Bauzeit zwischen 1631 und 1648)?

a. Damit der Monsun dem Gebäude nicht zusetzt
b. Aus religiösen Gründen
c. Damit bei einem Erdbeben das Hauptgebäude geschützt ist
d. Die Türme sind gar nicht schief

Die Lösung ist d. Die Parkscheibe muss immer auf die nächste volle halbe Stunde gestellt werden. So bestimmt es die Straßenverkehrsordnung. Übrigens ist eine Parkscheibe laut der deutschen Straßenverkehrsordnung ein Verkehrszeichen und muss entsprechenden Vorgaben entsprechen.

Antwort b. ist korrekt. Starbuck hieß der erste Steuermann in dem Buch/Film „Moby-Dick" (1851). Er ist der kühne, fromme als auch nüchterne und rationale Gegenspieler zu Käpt'n Ahab, der auf der Suche nach seinem Wal immer unkalkulierbarer wird. Welche der Eigenschaften von  Starbuck dazu geführt haben, dass sich der „Kaffeehaus"-Gigant so nannte? Das wäre eine eigene Frage wert.

Es stimmt a. Denn ein Arzt, der seinen Doktortitel nicht gemacht hat, kriegt ihn auch nicht. Damit bleibt er einfach Arzt – ohne Dr. med., darf aber ebenso praktizieren. Durchschnittlich brauchen Doktoranden 4 Jahre für die Promotion. Die medizinische Doktorarbeit dauert in der Regel circa 1 Jahr.

Antwort c. stimmt. Gut mitgedacht. Sollten bei einem Erdbeben die Türme einstürzen, fielen sie, durch die leicht nach außen geneigten Winkel, nicht auf das Hauptgebäude – es wäre so geschützt.

71

Was ist eigentlich ein Spofacke?

a. Justizbehörde
b. Gerichtsdiener
c. Vollzugsanstalt
d. Gericht

 72

Was sagte der berühmte bayerische Räuber Matthias Kneißl angeblich kurz vor seiner Hinrichtung?

a. De Woch fangt scho guat o
b. Scheiß da nix, dann feid da nix
c. Oa Scheidl aloa brennd ned
d. I muas ned da reichsde Mo am Friedhof sei

 73

Eine französische Münze und eine Flasche Schnaps – das war der Gewinn. Der Verlierer zahlte darüber hinaus mit seinem Leben. Wo?

a. Hinterdupfing
b. Buxtehude
c. Posemuckel
d. Planegg

Lösung d. ist korrekt. Spofacke hat nichts mit der Justiz zu tun – höchstens man wildert, dann könnte der Begriff schon in den Rechtsakten stehen. Spofacke heißt nichts anderes als Spanferkel auf Bayerisch, und das, lecker zubereitet, ergibt ein Gericht.

Lösung a. stimmt. Matthias Kneißl (1875–1902), bayerischer Räuber und Polizistenmörder, war wohl mit dem Wochenstart nicht ganz zufrieden, als er kurz vor seiner Hinrichtung stand. Aber so „cool" war er anscheinend doch nicht, denn seine Hinrichtung fand an einem Freitag statt, da haben wohl seine „Fans" ihm nachträglich etwas in den Mund gelegt.

b. stimmt. In Buxtehude. Denn dort auf der Heide entspann sich das tödliche Rennen zwischen Has und Igel um einen goldenen Louis d'Or. Nachzulesen bei den Brüdern Grimm.

74

Warum war Red Bull in Deutschland anfänglich verboten?

a. Der Inhaltsstoff Taurin war gesundheitsgefährdend
b. In Deutschland dürfen Menschen nicht fliegen
c. Es gab ein Boykott gegen das Unternehmen, weil schon zu viele Menschen in dessen Namen gestorben sind
d. Genau genommen war es ein Wettbewerbsverbot

75

Jede volle Stunde startet ein ICE von München nach Hamburg. Genauso starten die ICEs in der Gegenrichtung. Die Fahrtzeit beträgt immer genau 6 Stunden. Sie starten mit dem ICE in München um 14 Uhr. Wie vielen ICEs begegnen Sie unterwegs, die von Hamburg nach München fahren?

HARTE NUSS VON CUS ■

a. 5 oder weniger
b. 6 oder 7
c. 8 oder 9
d. 10 oder mehr

76

Mozart verhält sich zu Kugel wie Schiller zu …?

77

BAUMSTAMM – ROTWEIN – RAUSCHGOLD – MACHTVOLL

Die vier Wörter oben erfüllen eine bestimmte Bedingung. Von den folgenden Wörtern erfüllt nur eines diese Bedingung. Welches?

HARTE NUSS VON CUS ■

a. TAKTIK
b. LOTTOZAHLEN
c. GLÜCKSZAHL
d. VOLLTREFFER

Antwort a. ist korrekt. Die aus Thailand stammende taurin-
haltige Getränkeidee galt den deutschen Behörden als zu gefährlich. Dietrich Mateschitz gründete Mitte der 1980er-Jahre
Red Bull. Eine völlig neue Produktkategorie „Energy Drinks"
war geboren.

Lösung d. stimmt. Man vergisst leicht die ICE-Züge, die am
Vormittag losgefahren sind und sich unterwegs begegnen.
Der ICE, der um 8 Uhr in Hamburg startete, läuft Punkt
14 Uhr in München ein, dem begegnet man nicht mehr. Aber
man trifft unterwegs die Züge, die um 9, 10 Uhr usw. gestar-
tet sind. Die letzte Begegnung findet mit dem Zug statt, der
um 19 Uhr in Hamburg losfuhr. Also 10 Begegnungen.

Locke!

Es stimmt b. Jedes der vier Beispielwörter kann man in sich
vertauschen und es entsteht ein neues Wort: Aus BAUM-
STAMM wird STAMMBAUM, aus RAUSCHGOLD wird GOLD-
RAUSCH und so weiter. Von den vier Fragewörtern erfüllt nur
LOTTOZAHLEN alias ZAHLENLOTTO diese Eigenschaft.

78

Friedrich muss eine Rechnung über 170 Euro bezahlen. Er hat den Betrag nicht passend dabei und legt deshalb 180 Euro auf den Tisch. Wie viele Scheine liegen dort mindestens?

a. 2
b. 3
c. 4
d. 5

79

Was ist kein Hut?

a. Stetson
b. Borsalino
c. Trilby
d. Dodge

80

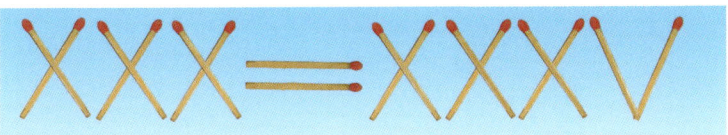

Wie viele Streichhölzer muss man mindestens umlegen, damit die Gleichung aufgeht?

a. 0
b. 1
c. 2
d. 3

Korrekt ist Antwort d. Für 170 Euro braucht man nur drei
Scheine: 100, 50 und 20 Euro. Diese drei Scheine hat Friedrich aber nicht dabei, sonst könnte er ja passend zahlen.
Er hat nämlich fünf Scheine im Geldbeutel. 100 plus vier
20-Euro-Scheine. Das macht zusammen 180 Euro.

Lösung d. stimmt. Der Dodge ist nach wie vor ein Auto. Be-
kanntester Träger des Borsalinos: Humphrey Bogart in dem
Film „Casablanca". Auf Stetson-Seite war es James Dean in
„Giganten" und natürlich viele hier nicht genannte Western-
Helden, die den Cowboy-Hut fast schon zum Symbol Amerikas machten. Die Blues-Brothers machten den „Trilby" zur
partytauglichen und kultigen Kopfbedeckung.

Korrekt ist a. Ideal im Sinne der Aufgabenstellung wäre eine
Lösung mit 0 Streichhölzern, die zu verschieben sind. Und
es gibt sie! X steht sowohl für römisch 10 als auch für das
Malzeichen. Die Gleichung lautet dann: 10 x 10 = 20 x 5

81

Manta-Fan Berti kauft sich 2019 einen gebrauchten Opel Manta. Beim Öl-Nachfüllen findet er einen Hinweis auf eine Inspektion, die am 12. April in 8033 Planegg durchgeführt wurde. Das Jahr ist leider nicht mehr ersichtlich. Wie alt ist der Manta mindestens?

a. 00–10 Jahre
b. 10–20 Jahre
c. 20–30 Jahre
d. 30–40 Jahre

82

GRUB

Welche dieser vier Herren ist oben rätselhaft dargestellt? (Den kleinen Rechtschreibfehler beachten wir nicht weiter.)

a.

b.

HARTE
NUSS
VON
CUS

c.

d.

Antwort c. stimmt. Aufgrund der Postleitzahl 8033 kann das
Auto nur aus einer Zeit vor dem 1. Juli 1993 stammen, dem
Datum, ab dem das von der Deutschen Bundespost einge-
führte fünfstellige Postleitzahlensystem für das mittlerweile
wieder vereinte Deutschland galt.

Die Lösing ist b.: Von vorne Grub, von hinten Burg – hm, wer
soll das bloß sein? Mancher hat den richtigen Nachnamen
wahrscheinlich schon vor sich hingemurmelt und schrammte
dennoch an der richtigen Lösung vorbei. Und die wäre: Von
hinten Burg … von Hintenburg. (Das war der angemerkte
kleine Rechtschreibfehler). Paul von Hindenburg (1847–1934)
war Präsident des Deutschen Reiches. Die anderen Herren
waren wie folgt: a. Wilhelm II. (Friedrich Wilhelm Viktor Albert
von Preußen, 1859–1941) war von 1888 bis 1918 letzter
Deutscher Kaiser und König von Preußen. – c. Otto von
Bismarck (Otto Eduard Leopold von Bismarck-Schönhausen,
1815–1898) war unter anderem von 1871 bis 1890 erster
Reichskanzler des Deutschen Reiches, dessen Gründung er
maßgeblich vorangetrieben hatte – d. Friedrich Ebert (1871–
1925) war ein deutscher Sozialdemokrat und Politiker. Er
war seit 1913 Vorsitzender der Sozialdemokratischen Partei
Deutschlands und amtierte von 1919 bis zu seinem Tode als
erster Reichspräsident der Weimarer Republik.

Hier am Jachthafen steigt im Mai wieder ein klassisches Formel-1-Rennen. Der Kurs führt durch einen weltbekannten Stadtbezirk. Sein Name lautet wie der „übersetzte" Name einer bekannten

a. Modekette
b. Brauerei
c. Kreuzfahrtlinie
d. Airline

HARTE
NUSS
VON
CUS

Antwort b. ist korrekt. Das berühmte Rennen der Formel 1 findet in Monte Carlo statt. Und was heißt Monte Carlo übersetzt? Carlsberg – die Brauerei.

Wer darf nicht mehr Geld nach Hause bringen, als er/sie
ursprünglich mitgenommen hat?

a.

b.

c.

d.

HARTE NUSS VON CUS

Sie kennen mich. Sie haben
mich wahrscheinlich schon oft
gesehen. Woher stamme ich?

a. Österreich
b. Frankreich
c. Italien
d. USA

a. war gesucht. Ein Handwerksgeselle auf der Walz muss nach den üblichen Gepflogenheiten mit 5 Euro in der Tasche aus dem Haus gehen und nach drei Jahren auf der Walz mit fünf Euro wieder nach Hause kommen. Denn es ist verpönt, Reichtümer anzusammeln. Alles, was unterwegs verdient wird, fließt in den eigenen Unterhalt, sprich Essen, Trinken und Ersatzkleidung.

Korrekt ist b. USA meint man, aber die Freiheitsstatue stammt ursprünglich aus Frankreich. Frédéric-Auguste Bartholdi hatte sie im neoklassizistischen Stil geschaffen. Sie steht auf Liberty Island im New Yorker Hafen, wurde am 28. Oktober 1886 eingeweiht und ist ein Geschenk des französischen Volkes an die Vereinigten Staaten.

86

Wer nimmt pro Tag etwa 50.000 Kilokalorien zu sich?

HARTE NUSS VON CUS

a.   b.   c.

d.   e.

87

Wann war das?

a. 2017
b. 2016
c. 2001
d. 2000

HARTE NUSS VON CUS

88

Auf einem politischen Gipfel treffen sich vier Staatsoberhäupter. Jeder schüttelt jedem einmal die Hand. Wie oft werden insgesamt Hände geschüttelt?

a. Viermal
b. Sechsmal
c. Achtmal
d. Zehnmal

Antwort e. ist korrekt. Hochleistungsmilchkühe müssen täglich rund 50.000 Kilokalorien fressen, um 50 Liter Milch am Tag zu schaffen. Das geht natürlich nur mit entsprechendem Kraftfutter-Zusatz.

Korrekt ist b. Eine Uhrzeit, die über 23:59:59 hinausgeht, kann es nur geben, wenn die Astronomen mal wieder eine Schaltsekunde einfügen, um die Unwucht des Jahreslaufs der Erde auszugleichen. Das geschieht in unregelmäßigen Abständen alle paar Jahre. Zuletzt war das an Silvester 2016 der Fall – bis Mitternacht verging eine Sekunde mehr als sonst. Somit stimmt Antwort b., jedenfalls für die internationale Greenwich-Zeit, nach der sich die Zeitzonen der ganzen Erde richten. Aber auch Antwort a. ist richtig: Denn wenn die Uhr in Greenwich (London) an Silvester Mitternacht schlägt, ist es bei uns fast 1 Uhr morgens am Neujahrstag. Folglich lautete die Zeit auf unseren Uhren offiziell 00:59:60 Uhr. Wenn Sie beide Antworten angekreuzt haben, hat das ebenfalls gegolten: a. oder b. oder a. und b.

Lösung b. stimmt: sechsmal!

89

Wessen Initialen beginnen mit B. B.?

a.
b.

c.
d.

HARTE
NUSS
VON
CUS

90

Was zeichnet die meisten Spione aus?

a. Walther PPK
b. Omega Speedmaster
c. Minox Noctilux
d. Weitwinkelobjektiv

91

Seit wann gibt es die offizielle Müllabfuhr in München?

a. 1591
b. 1691
c. 1791
d. 1891

Alle vier: Bert Brecht, Brigitte Bardot, Boris Becker. Und der Vierte im Bunde: Wladimir Wladimirowitsch (Putin). Unser W wird in Russlands kyrillischer Schrift В geschrieben: Wladimir Wladimirowitsch Putin = Владимир Владимирович Путин.

Korrekt ist d. – Spione? Haben alle ein Weitwinkelobjektiv. Die Spione an der Tür jedenfalls.

Antwort d. stimmt. 1891 wurde in München per Magistratsbeschluss erstmals der Hausmüll organisiert abgeholt – in sogenannten „Harritschwagen", die von Pferden gezogen wurden. Bis dahin wurde der Müll in Abfallgruben entsorgt, die nur einmal jährlich geleert wurden. Bei 450.000 Einwohnern waren hierdurch Typhus, Cholera und andere Krankheiten vorprogrammiert.

92

Gegeben sind die drei Punkte A, B und C.
Von A nach B sind es 3 cm.
Von A nach C sind es 8 cm.
Von B nach C sind es 5 cm.
Wie groß ist der Flächeninhalt?

a. 0 bis 4 cm^2
b. 5 bis 11 cm^2
c. 12 bis 17 cm^2
d. Mehr als 18 cm^2

93

Worum sollte diese Dame den Herrn bitten?

a. Spaghetti Carbonara
b. Vitello Tonnato
c. Tiramisu
d. Pizza Funghi

HARTE
NUSS
VON
CUS

Lösung a. ist korrekt. Alle drei Punkte müssen auf einer Geraden liegen, sonst klappt es mit den Entfernungen nicht. Flächeninhalt also 0.

c. stimmt. Sie sollte es nicht mit Vitello Tonnato versuchen, das könnte knapp werden. Besser: Tira mi su – und das heißt „Zieh mich hoch".

94

Worauf steht immer „veni, vidi, vici"?

a. Bacardi-Flasche
b. Marlboro-Packung
c. Porsche 911
d. Airbus-Flugzeug

95

Wer passt nicht in die Reihe?

BlackRock – Club of Rome – Atlantik-Brücke – Trilaterale Kommission

96

Wenn eine Milliarde Chinesen jeden Tag zwei Liter Wasser zu sich nehmen würden, wie lange bräuchten sie, um den Bodensee auszutrinken?

a. 66 Stunden
b. 66 Tage
c. 66 Monate
d. 66 Jahre

HARTE NUSS VON CUS

Gesucht ist Lösung b.: auf der Marlboro-Packung.

BlackRock passt nicht. Es ist die größte unabhängige Vermö-
gensverwaltung weltweit (2018 circa 6,3 Billionen US-Dollar).
Bei den anderen handelt es sich um exklusive, überparteili-
che und gemeinnützige Organisationen.

Es ist Lösung d.
536 km³ x 90 m mittlere Wassertiefe =
536.000.000 m² x 90 m =
48.240.000.000 m³ Wasserinhalt =
48.240.000.000.000 l
Geteilt durch 2 Milliarden Liter pro Tag = 24.120
Das Wasser reicht also für 24.120 Tage oder rund 66 Jahre.

Rund ums Rebenleben

Rund ums Rebenleben

1

Wie viel Geld muss man auf den Tisch des Weinhändlers legen, wenn man sich für den Jahreswechsel 2019 eine 0,75-l-Flasche des Nobel-Champagners Dom Pérignon aus dem Jahrgang 2013 gönnen will?

a. < 50 EUR   b. < 100 EUR
c. < 250 EUR   d. Es gibt keinen Preis

2

Was ist ein Schillerwein?

a. Eine Mischung aus roten und weißen Trauben
b. Ein Wein, der im Glas eine besondere schillernde
   Farbe hat
c. Goethes bevorzugter Wein seines Freundes Friedrich
d. Ein Rosé, der aus roten Trauben hergestellt wird

3

Wo liegt die nördlichste Weinlage Deutschlands – mit deutlich mehr Sonnenstunden als im Rheingau?

a. Bremerhaven
b. Kiel
c. Helgoland
d. Sylt

4

Wie darf Wein in Deutschland nicht mehr heißen?

a. Tafelwein
b. Qualitätswein
c. Landwein
d. Prädikatswein

Lösung d. stimmt. Es gibt keinen Preis, da der Jahrgang 2013 wegen der langen Reifezeit noch gar nicht im Handel ist. In 2019 ist als jüngster Jahrgang der Dom Pérignon von 2009 erhältlich, der Preis hierfür liegt um die 140 Euro.

Antwort a. stimmt. Ein Schillerwein ist eine Mischung weißer und roter Trauben, die aus derselben Parzelle (Weinberg) geerntet und noch vor der Maische vermengt werden.

d. ist korrekt. Auf der Promi-Insel Sylt befindet sich am Ortsrand der Gemeinde Keitum die nördlichste Weinlage Deutschlands – das Weingut Balthasar Ress. Inselfreunde mögen es kaum glauben, aber die Sonnenscheinstunden liegen dort mit 1.714 deutlich höher als im Rheingau mit 1.587 Stunden Sonne. Also: Erst in der „Sansibar" Gaumen-freuden genießen und dann am Meer spazieren gehen.

a. stimmt. Der Begriff Tafelwein wurde in der neuen EU-Weinmarktordnung vom August 2009 durch den Begriff „Wein" ersetzt. Der missverständliche Zusatz „Tafel" wurde so gelöscht.

---------------------------------- 5 ----------------------------------

Welcher Name ist für den Ausschank eines Winzers in Deutschland nicht gebräuchlich?

a. Buschenschank
b. Besenwirtschaft
c. Heckenwirtschaft
d. Straußwirtschaft

---------------------------------- 6 ----------------------------------

Was bedeutet „Sommelier" ursprünglich?

a. Muliführer
b. Bademeister
c. Summentrinker
d. Öchsleschlucker

---------------------------------- 7 ----------------------------------

Was ist kein Trinkgruß?

a. Skål (Skol)
b. Cin Cin
c. Salute
d. Chears

---------------------------------- 8 ----------------------------------

Welche Rebsorte wird bei der Herstellung von Champagner neben Chardonnay und Pinot Meunier noch verwendet?

a. Pinot blanc
b. Pinot noir
c. Sauvignon blanc
d. Gewürztraminer

a. stimmt. Da es sich bei der Frage um in Deutschland gebräuchliche Ausschanknamen dreht, kann es nur der Buschenschank sein, denn der ist nur in Österreich üblich.

a. stimmt. Das Wort stammt aus einem südfranzösischen Dialekt: Der Sommelier war ursprünglich der Führer der Maultiere oder Mulis. Übrigens sind die Maultiere ein Kreuzungsprodukt aus einer Hauspferdstute mit einem Hauseselhengst. Das so gezeugte Tier ist aus biologischer Sicht ein Hybride. Beim Maulesel ist die Rolle von Vater und Mutter genau andersherum.

d. ist korrekt. Da hat ein kleiner Rechtschreibfehler in die Irre geführt. Oder? Das englische Wort Chears bedeutet übersetzt Jubel. Cheers wäre der korrekte Trinkgruß gewesen. Skål sagt man in Schweden, Salute und Cin Cin in Italien.

Korrekt ist b. Während die weiße Rebsorte Chardonnay dem Champagner Finesse verleiht, liefern die roten Pinot-Meunier-Trauben (hierzulande auch Schwarzriesling genannt) die Fruchtigkeit. Die Fülle des Champagner-Weins stammt von der roten Rebsorte Pinot Noir oder auch Spätburgunder.

Wonach ist der „Prosecco" benannt?

a. Nach dem Ort „Prosseck" bei Triest
b. Nach „secco", italienisch für „trocken"
c. Nach der Rebsorte „Prosecone"
d. Nach italienisch „Prosit"

Woher stammt der Ausdruck „Cin Cin"?

a. Aus dem Film Cincinnati Kid
b. Aus dem neapolitanischen Dialekt
c. Von Italiens Pendant zu „Aschenputtel"
d. Aus einem Werbespot für Cinzano

Wer erfand das Rüttelverfahren für Champagner?

a. Dom Pérignon
b. Witwe Cliquot oder ihr Kellermeister
c. Louise Pommery
d. Friedrich Kessler

Wer passt nicht in die Reihe?

Crémant – Spumante – Cava – Winzersekt – Prosecco

a. stimmt. Der heutige Teil von Triest gab dem Getränk seinen Namen. Mit dem italienischen Adjektiv secco (trocken) hat der Name nichts zu tun, sondern mit dem Slawischen pro-seku (abgeholzte Fläche).

Lösung d. ist korrekt. Die italienische Schlagersängerin Rita Pavone trällerte das Cin Cin in den 60er-Jahren in einem Werbespot für den bekannten italienischen Wermut „Cin-zano".

b. ist richtig. Die überaus geschäftstüchtige Witwe Cliquot soll das Rüttelverfahren für Champagner entweder selbst erfunden haben oder es war ihr schwäbischer Kellermeister Anton von Müller – beide Namen finden sich in den Quellen. Der Mönch Dom Pérignon gilt als Erfinder des Champagners.

Es handelt sich um Schaumweine. Der Prosecco ist dage-gen eine geschützte Herkunftsbezeichnung für italienische Schaumweine (Spumante).

Rund ums Rebenleben

13

Was ist keine Rebsorte?

a. Chardonnay
b. Riesling
c. Grüner Veltliner
d. Chablis

14

Was ist ein ABC-Trinker?

a. Er trinkt als Schulanfänger seine Milch
   zum Frühstück
b. Er trinkt sich durch das Alphabet
c. Er mag keinen Chardonnay
d. Er hält sich an das kleine
   Abc des Trinkens

15

Wie nennt man das Ausspülen eines Gefäßes mit einem
Schluck Wein?

a. Vinifizieren
b. Dekantieren
c. Avinieren
d. Chambrieren

16

Welcher weltberühmte Wein wird im französischen Anbau-
gebiet Pomerol produziert?

a. Château Jesus
b. Château Pétrus
c. Château Marie
d. Château Joseph

Lösung d. stimmt. Weine aus Chablis – dem nördlichsten An-
baugebiet in Burgund/Frankreich – werden aus der Rebsorte
Chardonnay gekeltert. Chardonnay ist neben dem Riesling
eine der bekanntesten und hochwertigsten weißen Trauben
der Welt. Es gibt Tausende verschiedene Rebsorten, aber
nur einige wenige haben aufgrund ihres besonderen Ge-
schmacks und ihrer Widerstandsfähigkeit große Verbreitung
erfahren.

c. stimmt. „Anything But Chardonnay" (alles außer Chardonnay) ist ein Slogan, der in den frühen 1990er-Jahren in den
USA entstand, als der Chardonnay die Welt „überschwemm-
te". Ein Großteil dieser Rebsorte war zu dieser Zeit sehr alko-
holreich und üppig, sodass ihr die Frische und Eleganz völlig
fehlten. Daher entstand damals nicht nur bei Weinkennern
eine Abneigung gegen diese Sorte.

Man nennt es c. avinieren. Auf diese Weise werden einem
Glas oder einer Karaffe mögliche anhaftende Gerüche oder
Rückstände genommen, die bei der Aufbewahrung entstanden sind. Man sagt auch, das Glas wird weinfreundlich oder
weingrün gemacht. Beim Chambrieren bringt man den Wein
auf Zimmertemperatur, beim Dekantieren gibt man dem Wein
Luft zum Entfalten seines Aromas. Und vinifizieren heißt einfach, einen Wein herzustellen.

b. stimmt. Der Château Pétrus; eine Flasche davon kann
mehrere Tausend Euro kosten und ist mittlerweile ein Anlage-
objekt.

---17---

Wie wird Roséwein hergestellt?

a. Durch Mischen von Rot- und Weißweinen
b. Die roten Trauben dienen einzig zur Herstellung
c. Rote und weiße Trauben werden zusammen abgepresst
d. Weißwein wird durch Zugabe von roten Larven eingefärbt

---18---

Was ist Karaffieren?

a. Das Herstellen von Dekantiergefäßen
b. Das Trennen des Weines vom Bodensatz
c. Das Umfüllen des Weines von der Flasche in eine Karaffe
d. Das Umfüllen älterer Weine

---19---

Welche beiden Weingegenden haben üblicherweise die gleiche Form für ihre Weinflasche?

a. Bordeaux und Burgund
b. Österreich und Chianti
c. Portugal und Franken
d. Rioja und Südtirol

---20---

Welcher Wein hat seit über 250 Jahren eine geschützte Herkunftsbezeichnung? (Er gilt als der älteste Wein der Welt.)

a. Madeira
b. Sangiovese
c. Sherry
d. Portwein

Antwort b. stimmt. Roséweine werden aus roten beziehungsweise blauen Rebsorten gewonnen und nicht, wie oft angenommen, durch das Mischen von fertigen Rot- und Weißweinen.

Antwort c. stimmt. Beim Karaffieren wird der Wein in eine
Karaffe umgefüllt. Dadurch kann der Wein atmen und verbessert sein Aroma. Beim Dekantieren hingegen wird darauf
geachtet, dass die Kontaktfläche von Sauerstoff und Wein
möglichst gering ist. Das gilt besonders für ältere Weine, die
durch die Oxidation sogar verderben könnten. Beim Dekantieren steht daher in erster Linie das Abtrennen von einem
Bodensatz im Mittelpunkt.

c. stimmt. In Deutschland dürfen nur Frankenweine in den
sogenannten „Bocksbeutel"-Flaschen abgefüllt werden. Ihren
Namen hat die Form tatsächlich von dem Hodensack (Beutel)
eines Bockes. Aber auch der aus Portugal stammende Wein
„Mateus Rosé" wird bevorzugt in diese Flaschenform abgefüllt.

Korrekt ist d. Aufgrund des Methuen-Vertrages zwischen
England und Portugal 1703 – ein Im- und Exportvertrag –
stieg die Nachfrage nach Portwein sprunghaft, im Wortsinn
„grenzenlos", an. Die Folge: Der „Port" verlor an Qualität. Um
diese zu erhalten und zu garantieren, führten die Portugiesen
1765 die erste Form eines regionalen Qualitätssiegels ein.

---21---

Aus welchem Land stammen die meisten Naturkorken?

a. Italien
b. Spanien
c. Portugal
d. Türkei

---22---

Was hat den höchsten Alkoholgehalt?

a. Wermut
b. Sherry
c. Eierlikör
d. Klosterfrau Melissengeist

---23---

Woher stammt der Begriff „Törggelen"?

a. Von dem schwankenden Gang danach
b. Von Schloss Törgel über Meran
c. Von einem alten Wort für „Weinpresse"
d. Von der Rebsorte O'Torgula

21

Antwort c. ist korrekt. Portugal ist mit etwa 125.000 Tonnen und damit der Hälfte der weltweit geernteten Menge das bedeutendste Produktionsland für Rohkork.

22

Antwort d. ist korrekt. Da lohnt sich doch das kleine Schlückchen gegen jede Art von Beschwerden. Mit 79 Volumenprozent Alkohol liegt der Klosterfrau Melissengeist deutlich vor dem Sherry mit circa 15,5 Prozent, dem Wermut (zwischen 14,5 und 21,9) und dem Eierlikör mit 20 Prozent. Neben dem Alkohol sind es natürlich auch die vielen gesunden Kräuter, die den „Zaubertrank" so wirksam heilen lassen.

23

c. ist korrekt. Auch wenn naheliegend, ist es nicht der schwankende Gang. Nein. Der Begriff Törggelen entstammt dem lateinischen Begriff „torculus" für Weinpresse. Mit dem Brauchtum Törggelen begrüßen und verkosten die Südtiroler im Spätherbst ihren neuen Wein. Dabei wird in Buschenschänken, vergleichbar unseren Straußenwirtschaften, der neue Wein mit gerösteten Kastanien, Speck und Sauerkraut kredenzt.

Sauber & gesund

Der Münchner Max von Pettenkofer trank 1892 eine infektiöse Bakterienkultur, um zu belegen, dass Krankheiten auf üble Ausdünstungen aus dem Boden zurückzuführen sind. Um welche Seuche handelte es sich?

a. Pest
b. Cholera
c. Typhus
d. Pocken

Wer entdeckte 1928 das Penicillin und erhielt dafür 1945 den Nobelpreis?

a. Louis Pasteur
b. Alexander Fleming
c. Ignaz Semmelweis
d. Edward Jenner

Welche Seuche gilt in Europa als ausgerottet?

a. Pest
b. Typhus
c. Cholera
d. Pocken

Welche Wirkung haben Tenside auf die Oberflächenspannung von Wasser?

a. Verstärkend
b. Verringernd
c. Verlängernd
d. Keine

Korrekt ist b. – Max von Pettenkofer – damals Vorreiter in Sachen Hygiene – glaubte nicht, dass hinter der Cholera Keime stecken, sondern Ausdünstungen aus der Erde. Mutig trank er ein Glas Cholerabakterien von Robert Koch. Pettenkofer erkrankte überraschenderweise nicht. Womöglich hatte Pettenkofer bereits eine Cholera-Infektion durchgemacht und war immun gegen die Erreger.

b. stimmt. Alexander Fleming. Der Chemiker Louis Pasteur entwickelte 1862 die ersten Desinfektions- und Sterilisationsverfahren. Ignaz Semmelweis (1818–1865) erkannte, dass mangelnde Hygiene Kindbettfieber auslöst. Edward Jenner (1749–1823) entwickelte die moderne Schutzimpfung gegen Pocken.

Antwort d. ist korrekt. Pocken gibt es praktisch nicht mehr. Andere Infektionskrankheiten wie Typhus, Pest, Milzbrand oder Diphterie kommen in den Industrieländern nur noch sehr selten vor. In Deutschland gab es 2012 zum Beispiel nur noch 58 Fälle von Typhus – und keinen von Pest oder Cholera.

b. ist korrekt. Tenside setzen die Oberflächenspannung des Wassers herab – ein Effekt, der beim Spülen, Waschen und Reinigen nützlich ist. Durch diese Eigenschaft sind die Tenside in der Lage, fest haftenden Schmutz zu unterwandern, ihn von der zu reinigenden Oberfläche abzulösen und in Lösung zu binden.

Sauber & gesund

Bakterien fluten den Körper, das Immunsystem streikt. Wie viele Menschen in Deutschland sterben jährlich an einer Blutvergiftung (Sepsis)?

a. 60
b. 600
c. 6.000
d. 60.000

In welchem Jahr hielt das Microfasertuch Einzug in die deutschen Haushalte?

a. 1975
b. 1985
c. 1995
d. 2005

An welcher Krebsart erkranken deutsche Männer am häufigsten?

a. Prostatakrebs
b. Darmkrebs
c. Lungenkrebs
d. Bauchspeicheldrüsenkrebs

Welchem berühmten Arzt an der Berliner Charité wurde kein Nobelpreis verliehen?

a. Paul Ehrlich (1854–1915)
b. Robert Koch (1843–1910)
c. Emil von Behring (1854–1917)
d. Ferdinand Sauerbruch (1875–1951)

Antwort d. ist richtig. Blutvergiftung – eine unterschätzte Gefahr. 60.000 Menschen sterben jährlich daran. Bei der Blutvergiftung muss es schnell gehen: Antibiotika bekämpfen die Bakterien im Blutstrom. Erkennen die Mediziner die Gefahr schnell und behandeln den Sepsis genannten Zustand konsequent, haben Patienten eine Chance zu überleben. Nach 24 Stunden sterben neun von zehn Patienten.

c. stimmt. 1995 wurde das erste Microfasertuch im deutschen Einzelhandel verkauft. Erfunden wurde es zwar schon früher, war aber damals viel zu teuer für Otto Normalverbraucher.

Es stimmt a. Rund 63.000 Männer erkranken jährlich an Prostatakrebs, 36.000 an Darm- und 34.000 an Lungenkrebs. Der Bauchspeicheldrüsenkrebs gilt jedoch nach wie vor als eine der aggressivsten Krebsarten.

Korrekt ist d. Sauerbruch war ein berühmter Arzt des Berliner Krankenhauses Charité, der unter anderem 1942 auch zum Generalarzt des Heeres während der „Nazi-Zeit" ernannt wurde. Alle anderen waren auch an der Charité, aber erhielten einen Nobelpreis: Ehrlich, für seine Arbeit auf dem Gebiet der Serum-Forschung, Koch für sein Mittel gegen Tuberkulose und Behring für sein Mittel gegen Diphterie.

9

Wie schnell muss bei einer Behandlung von Tollwut die erste Tollwutimpfung erfolgen, damit die Viruserkrankung nicht zum Tod führt.

a. Innerhalb eines Tages
b. Innerhalb von zwei Tagen
c. Innerhalb von drei Tagen
d. Innerhalb von vier Tagen

10

Wie viel Beschäftigte gibt es in der Gebäudereinigungs-branche?

a. Rund 700.000
b. Rund 600.000
c. Rund 500.000
d. Rund 400.000

11

Wie viele Betriebe verzeichnet das Gebäudereiniger-Handwerk 2018 in Deutschland?

a. Rund 2.000
b. Rund 8.000
c. Rund 14.000
d. Rund 20.000

12

Der gesetzliche Mindestlohn liegt 2019 in Deutschland bei 9,19 Euro pro Stunde. Wie hoch ist der tarifliche Mindestlohn einer Reinigungskraft in Westdeutschland?

a. 7,30 Euro
b. 8,30 Euro
c. 9,30 Euro
d. 10,56 Euro

Antwort a. ist richtig: Eine Maßnahme, um den Ausbruch der Krankheit zu verhindern – sprich eine Impfung –, ist nur innerhalb von 24 Stunden nach der Infektion möglich, je früher, desto besser. Denn die Viren bewegen sich von der Eintrittsstelle entlang der Nerven in Richtung Gehirn. Sind sie einmal dort angekommen, kommt es zum Ausbruch der Erkrankung. Sie verläuft dann immer tödlich. Deutschland und viele europäische Länder gelten seit einigen Jahren als tollwutfrei.

Es stimmt a. 700.000 Menschen beschäftigt die Gebäudereinigungsbranche. Sie ist damit das beschäftigungsreichste Handwerk in Deutschland.

Antwort d. stimmt. Der Gebäudereinigungsmarkt ist voriegend klein- und mittelständisch strukturiert. Es gibt viele kleine Spezialanbieter und einige wenige große, die den Markt beherrschen. Betriebe mit mehr als 20 Millionen Euro Umsatz beschäftigen mit rund 95 Prozent den Großteil der Reinigungskräfte.

d. ist korrekt. In 2019 erhält eine Reinigungskraft in Westdeutschland einen Mindestlohn laut Tarif in Höhe von 10,56 Euro. Der gesetzliche Mindestlohn liegt bei 9,19 Euro.

 13

Mit welcher Erfindung konnte Hubert C. Booth im Jahre 1901 zum Fortschritt im Haushalt beitragen?

a. Erste Geschirrspülmaschine
b. Erste Waschmaschine
c. Erster Backofen
d. Erster Haus-Staubsauger

 14

Bei der Gebäudereinigung spielen entsprechend der Lehre vom Sinnerschen Kreis vier Faktoren eine Rolle: Temperatur, Chemie, Mechanik und ...

a. Wasser
b. Zeit
c. Können
d. Geduld

 15

Welches sind die drei Säulen des Facility Managements?

a. Infrastrukturelles Gebäudemanagement
b. Kaufmännisches Gebäudemanagement
c. Technisches Gebäudemanagement
d. Umwelt-Gebäudemanagement

 16

Hippokrates (ca. 460–370 v. Chr.) gilt als der berühmteste Arzt des Altertums, der schon zu Lebzeiten verehrt wurde. Wo wurde er geboren?

a. In Athen
b. Auf Mykonos
c. In Kos
d. Auf Thasos

Korrekt ist d. 1901 konnte Booth sich eine Maschine patentieren lassen, die er „Vacuum Cleaner" nannte. Es war der erste Staubsauger für den Hausgebrauch. Er musste jedoch noch von zwei Personen bedient werden. Sein Unternehmen wurde kurze Zeit später von der Firma Hoover übernommen. In England wurde der Name Hoover sogar zu einem Synonym für das Staubsaugen (doing the hoovering).

b. stimmt. Ohne Zeit ist alles nichts, auch nicht das Reinigen. Und vom Chemiker Herbert Sinner wissen wir: Wer an der Zeit sparen will, muss bei den anderen Faktoren nachlegen.

a., b. und c. sind korrekt. Das Thema Umwelt wird in der Branche jedoch zunehmend wichtiger. Anfang 2018 hat Wackler seine Klimaneutralität erhalten und trägt damit nachweisbar, neben der Vermeidung von CO_2, auch zur nachhaltigen ökologischen und sozialen Entwicklung bei.

Antwort c. ist richtig – Hippokrates von Kos. Als wandernder Arzt reiste er durch Griechenland und Kleinasien und hielt sich mehrere Jahre auf den Inseln Thasos und Kos auf. Berühmt, geachtet und von jedermann geehrt, gründete er in seiner Geburtsstadt Kos eine Ärzteschule und lehrte seine Schüler die Kunst der Heilkunde. Er gilt als Begründer der Medizin als Wissenschaft und ist noch heute der ganze Stolz der Bürger von Kos.

Sport

Das Trikot welcher Fußballnationalmannschaft hat fünf Sterne?

a. Brasilien
b. Italien
c. Deutschland
d. Argentinien
e. Uruguay

Wer war Trainer von zwei Nationalmannschaften?

a. Sepp Herberger
b. Helmut Schön
c. Jupp Derwall
d. Franz Beckenbauer

Welche Mannschaft ist seit ihrer Gründung und seit dem Bestehen der Bundesliga bis zur Saison 2017/2018 nie aus der 1. Fußball-Bundesliga abgestiegen?

a. VFL Wolfsburg
b. Bayer 04 Leverkusen
c. FC Bayern München
d. Hamburger SV

Welcher Trainer hatte vier Amtszeiten beim FC Bayern München?

a. Udo Lattek
b. Franz Beckenbauer
c. Ottmar Hitzfeld
d. Jupp Heynckes

a. stimmt. Brasilien ist das einzige Land mit fünf Sternen auf dem Trikot: für fünf gewonnene Weltmeisterschaften. Italien und Deutschland tragen vier Sterne, Argentinien zwei. Uruguay dürfte für die WM-Titel von 1930 und 1950 eigentlich auch nur zwei Sterne tragen; der Verband hat aber für die Olympiasiege von 1924 und 1928 (bevor es Fußball-Weltmeisterschaften gab) zwei weitere Sterne aufnähen lassen.

a. und b. sind korrekt. 1952 war Helmut Schön Nationaltrainer des damals von der Bundesrepublik Deutschland unabhängigen Saarlandes. Er spielte mit seiner Mannschaft sogar gegen die „deutschen" Jungs von Sepp Herberger. 1964 übernahm er dann die deutsche Nationalelf. Sepp Herberger war sowohl Reichstrainer (1936–1942) als auch Bundestrainer (1942–1964) der deutschen Fußballnationalmannschaft.

Lösung d. stimmt. Bis zu seinem Abstieg am 12. Mai 2018 war der HSV der einzige Verein, der durchgehend ab der ersten Bundesliga-Saison 1963/64 an der deutschen Spielklasse teilnahm. Der derzeitige Dauergast ist der FC Bayern München, er spielt seit 1965/66 ganz oben.

Antwort d. ist korrekt. Jupp Heynckes hatte viermal die Ehre: 1987–1991, 2009, 2011–2013 und 2017–2018. Die anderen Trainer immerhin zweimal.

Wer schoss die meisten Tore in Länderspielen?

a. Gerd Müller
b. Helmut Rahn
c. Miroslav Klose
d. Jupp Heynckes

Was soll am 18. Dezember 2022 stattfinden?

a. Fußball-WM-Finale der Männer
b. Ende der Winterspiele in Peking
c. Das 4-Schanzen-Mountainbike-Springen in Garmisch-Partenkirchen
d. Einweihung des Flughafens Berlin Brandenburg

Wenn ein Marathonläufer die 42,195 km in einer Zeit von 2:01:39 h läuft, wie hoch ist dann seine Durchschnittsgeschwindigkeit?

a. 15 km/h
b. 17 km/h
c. 18 km/h
d. 21 km/h

c. stimmt. Klose hat in 137 Länderspielen 71 Tore erzielt. Müller in 62 Länderspielen immerhin 68 Tore.

Antwort a. ist korrekt. Public Viewing mal mit Glühwein und Schal. Aber dafür schwitzen unsere Jungs bei der Fußball-Weltmeisterschaft in Katar. Wenn sie überhaupt so weit kommen – also nicht zum Endspiel, sondern an den Persischen Golf. Dieses Mal gibt es ja im Vorfeld keinen Weltmeister-Bonus.

d. stimmt. Die Durchschnittsgeschwindigkeit ist der Quotient aus dem zurückgelegten Weg und der dafür benötigten Zeit. Formel: $v = s/t$
Der Weg sind 42,195 Kilometer, dividiert durch 2,0139 Stunden = sagenhafte 20,95 km/h. Das schaffte der Kenianer Eliud Kipchoge beim Berlin-Marathon 2018: neue Weltbestzeit!

Sport

Look, isn't it the nicest …?
Alternativ: „Mei oh mei,
is des a Wedda". Wer ist
gemeint?

a. Conor McGregor
b. Floyd Mayweather
c. Wladimir Klitschko
d. Anthony Joshua

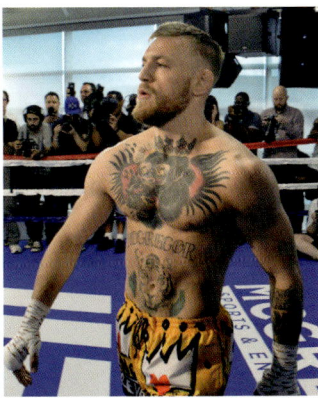

a.

HARTE
NUSS
VON
CUS

b.

c.

d.

b. ist korrekt. Der Himmel über Bayern im Mai – Bilderbuch-
wetter. Mai – May… Wetter – Weather… Na? Richtig! Wir
suchten Floyd Mayweather, der den Martial-Arts-Kämpfer
Connor McGregor in einem weltweit verfolgten Schaukampf
im August 2017 besiegte.

Sport

Was verbirgt sich hinter CR7?

a. CR7 für Cross Road 7, eine neue Motorsportstrecke
    in der afrikanischen Kalahari
b. Das Nachfolger-Modell von C-3PO in Star Wars VI
c. Der Relaunch der legendären Renault-Ente 2CV
d. Das Kürzel für Christiano Ronaldo

Was ist eine „Falsche Neun"?

a. Eine verkehrte Sechs
b. Ein Fußballer
c. Die Schwester vom falschen Fünfziger
d. Fehlwurf beim Kegeln

Alexander Zverev gewann mit 21 Jahren als jüngster Spieler
am 18. November 2018 in London sensationell die ATP-Finals
– die Tennis-Weltmeisterschaft der Herren. Welchem Deutschen gelang dies vor ihm?

a. Boris Becker
b. Michael Stich
c. Novak Đoković
d. Roger Federer

d. stimmt. Es ist mehrfacher Welt-Fußballer Cristiano Ronaldo dos Santos Aveiro – oder kurz CR und die 7 steht für seine Trikotnummer. Mehr sog i ned!

b. stimmt. Eine Falsche Neun ist ein Fußball-Spieler, der nominell als einzige Spitze spielt, sich aber immer wieder fallen lässt, um Überzahl, Raum und eine Verbindung zwischen Mittelfeld und Angriff zu schaffen, womit er die gegnerische Defensive vor eine schwierige Aufgabe stellt.

a. und b. stimmen. Lang, lang ist's her: Es war „Bobele" oder Boris Becker, der die ATP-Finals dreimal gewann. Michael Stich holte sich einmal den Sieg. Der Schweizer Roger Federer erreichte zehnmal das Endspiel, dabei verließ er sechsmal den Court als Sieger. Der Serbe Novak Đoković gewann fünfmal und ist 2018 die Nr. 1 der Weltrangliste.

Im Sommer 2020 finden die Olympischen Spiele in Japan statt. In welcher olympischen Sportart liegt der gültige Weltrekord der Männer rund sechs Prozent niedriger als der Weltrekord von 1984?

a.

b.

c.

d.

HARTE NUSS VON CUS

Beim Speerwerfen b. liegt der heutige Weltrekord mit 98,48 Meter rund 6 Prozent unter der Rekordweite von 1984 mit 104,80 Metern. Warum? Die 104 Meter von 1984 kamen den Sportlern (Läufer, Weitspringer) auf der gegenüberliegenden Seite des Stadionovals gefährlich nahe. Man beschloss daher, den Schwerpunkt des Speers zu verlagern, um so die Wurfweite zur verringern.

Sport

Bei jeder Fußball-WM verliert eine Mannschaft garantiert zweimal in Folge. Wie weit kommt sie dabei immer?

a. Nur bis zur Vorrunde
b. Nur bis zum Achtelfinale
c. Nur bis zum Viertelfinale
d. Nur bis zum Halbfinale

Wann wurde ein Fußballweltmeister gekürt, der gar nicht als eigenes Land existierte?

a. Bern 1954
b. London 1966
c. Paris 1998
d. Johannesburg 2010

HARTE
NUSS
VON
CUS

Der „Schwarze Blitz aus Kitz" – wer steht hinter diesem Namen?

a. Felix Neureuther
b. Hermann Maier
c. Toni Sailer
d. Franz Klammer

Lösung d. ist korrekt. Der WM-Vierte verliert garantiert zwei Spiele in Folge: das Halbfinale und das Spiel um den dritten Platz. In der Vorrunde ist es nicht garantiert, dass irgendeine Mannschaft zweimal in Folge verliert. Theoretisch könnten alle Mannschaften immer 0:0 spielen, dann würde gelost werden.

Lösung b. Die Weltmeisterschaft in England 1966 gewann England, obwohl es ein solches Land nicht gibt. England ist ein Teil von Großbritannien. England hat aber eine eigene Football Association, ebenso wie Schottland, Wales und Nordirland.

Korrekt ist c. Das österreichische Ski-Ass Anton Engelbert Sailer (1935–2009) – genannt Toni Sailer – holte sich drei Mal Gold bei Olympia und sieben Mal den Weltmeistertitel in allem, was man auf Skiern auf einer Piste gewinnen kann. Nebenbei war er Schauspieler (unter anderem in dem Film „Der Schwarze Blitz aus Kitz", Frauenschwarm und Sänger.

Welche Zahl sollte möglichst folgen?
54 – 74 – 90 – 14 …

a. 16
b. 18
c. 20
d. 22

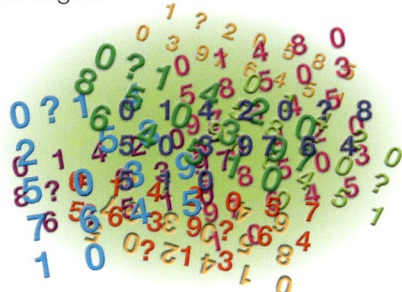

17

Über welche Strecke laufen Leichtathleten bei einem Wettbewerb der Olympischen Spiele?

a. 500 Meter
b. 900 Meter
c. 1.600 Meter
d. 3.100 Meter

Antwort d. stimmt. 1954 geschah das legendäre „Wunder von Bern". Deutschland gewinnt in der Schweiz gegen
Ungarn 3:2 (Kapitän Fritz Walter und Bundestrainer Sepp
Herberger) erstmals den Weltmeister-Titel. Zwanzig Jahre
später erringt die deutsche Elf in München durch einen 2:1-
Sieg über die Niederlande den Titel (Kapitän Franz Beckenbauer, Trainer Helmut Schön): Andreas Brehme verwandelte
1990 im WM-Finale in Rom einen Foulelfmeter und verhalf so
der deutschen Mannschaft mit einem 1:0 gegen Argentinien
zum Sieg (Kapitän Lothar Matthäus, Teamchef Franz Beckenbauer). 2014 machte Mario Götze in der Verlängerung gegen
Argentinien „das Ding" rein. 1:0. Deutschland gewinnt unter
Trainer Joachim Löw und Kapitän Philipp Lahm die WM. Und
2022 hoffen wir auf das Wunder von Katar.

c. stimmt. Reingelegt! Denn die 4 x 400-Meter-Staffel geht
über 1.600 Meter.

Tiere

Tiere

Wer moderierte im Fernsehen von 1965 bis 1991 die Sendung „Expeditionen ins Tierreich"?

a. Heinz Sielmann
b. Bernhard Grzimek
c. Steve Irwin
d. Malcolm Douglas

Ein schwarzer Panther ist ein:

a. Jaguar
b. Leopard
c. Puma
d. Gepard

Wer zählt nicht zu den „Big Five"?

a. Giraffe
b. Elefant
c. Löwe
d. Leopard
e. Nashorn
f. Büffel

Welches ist das größte, in Deutschland heimische Raubtier?

a. Wildschwein
b. Kegelrobbe
c. Wolf
d. Braunbär

a. ist korrekt. Heinz Sielmann begründete beim Norddeut-
schen Rundfunk die Sendereihe „Expeditionen ins Tierreich",
während zur gleichen Zeit Bernhard Grzimek beim Hessischen Rundfunk der Tierexperte war. Der Australier Steve
Irwin wurde als „Crocodile Hunter" berühmt, sein Landsmann
Malcolm Douglas war ebenfalls Krokodilexperte und Tier-
filmer.

Hier treffen a. und b. zu. Ein Schwarzer Panther ist ein
Leopard, dessen Fell eine durchgehend schwarze Färbung
aufweist. Diese kommt durch eine Genmutation zustande.
Der Puma kommt vorwiegend in Nord- und Südamerika vor
und wird dort auch Panther genannt, obwohl er keiner ist.
Der Gepard wiederum ist der nächste Verwandte der Pumas
und hauptsächlich in Afrika anzutreffen.

a. ist korrekt. Mit den „Big Five" sind nicht die größten Tiere
gemeint, sondern die, die früher bei Großwildjagden am
schwierigsten und gefährlichsten zu jagen waren.

4

Es sind b., die Kegelrobben. Mit einem Gewicht von bis zu
300 kg sind sie Deutschlands größte Raubtiere. Ausgewach-
sene männliche Wölfe wiegen bis zu 80 kg und der bei uns
vorkommende Eurasische Luchs hat max. 30 kg. Wild-
schweine sind auch gefährlich aber keine Raubtiere und
kommen auf bis zu 200 kg. Der Europäische Braunbär ist mit
bis zu 350 kg das größte Raubtier Europas, aber er kommt in
Deutschland nicht vor.

Welches Tier erreicht die höchste Geschwindigkeit?

a. Windhund
b. Rennpferd
c. Mauersegler
d. Gepard

a.

b.

c.

d.

Es ist c. der Mauersegler – ein wahrer Überflieger und Experte im Sturzflug. Begibt er sich in diesen, kann er eine Geschwindigkeit von über 200 Kilometer pro Stunde erreichen. Da können Gepard und Co. von unten nur staunend zuschauen.

Welches Tier „wandert" von den Bahamas an die europäischen Küsten?

a. Hornisse
b. Aal
c. Barracuda
d. Zebrafalter

Welches sind direkte Nachfahren der Dinosaurier?

a. Krokodile & Schildkröten
b. Vögel
c. Gürteltiere
d. Komodowarane

Welcher war der bislang teuerste Fisch?

a. Großer Blauflossen-Thunfisch
b. Moby Dick
c. Flipper
d. Japanischer Koi

Was haben Delphine und die Küstenseeschwalben gemeinsam?

a. Beide können schlafen, während sie sich fortbewegen
b. Beide legen die gleichen Strecken zurück
c. Beide haben die gleichen Interessen
d. Beide werden rund 60 Jahre alt

Korrekt ist b. Es ist der Aal, der in der Sargassosee (bei den Bahamas) schlüpft, um dann, noch in Form einer Larve, nach drei Jahren Schwimmzeit und einer zurückgelegten Strecke von rund 5.000 Kilometern an den kalten Küsten Europas zu landen. Wofür? Um dann ausgewachsen wieder zu den Bahamas zurückzuschwimmen, um dort abzulaichen. Vielleicht war Europa doch zu kalt? Das hätte man ihnen ja mal vorher sagen können.

Es stimmt b. Die Vögel haben sich aus den Flugsauriern entwickelt.

Es ist d. ein Koi-Fisch, der in Japan bei einer Auktion umgerechnet über 1,5 Millionen Euro erlöst hatte. Gefolgt von dem Blauflossen-Thunfisch, den die Betreiber einer Sushi-Restaurant-Kette auf dem Tsukiji-Fischmarkt für rund 1,3 Millionen Euro erwarben. Das Kilo zu 6.000 Euro. Zu recht mehr als umstritten, gehört dieser Fisch doch zu den Arten, die laut Weltnaturschutzorganisation vom baldigen Aussterben bedroht sind.

Es ist a. Bei beiden gilt: Während die eine Gehirnhälfte schläft, navigiert und steuert die andere den Flug bzw. die Schwimmrichtung. Diese Fähigkeit braucht vor allem die Küstenseeschwalbe, denn das spart Zeit auf ihrer langen Flugstrecke. Im Durchschnitt legen sie jährlich eine Strecke von 30.000 Kilometern zurück. Einzelne schaffen laut aktuellen Forschungen bis zu 90.000 Kilometer im Jahr.

Tiere

Welcher Fisch passt nicht in die Reihe?

Forelle – Hecht – Karpfen – Makrele – Zander – Lachs

Durch den Kot welches Tieres sind viele Tropenstrände besonders weiß?

a. Kalksteinfisch
b. Papageifisch
c. Panzerschildkröte
d. Sandbeißerfisch

Woran erkennt man bei Hühnern, ob sie weiße oder braune Eier legen?

a. An der Farbe der Ohrenscheibe
b. An der Farbe der Federn
c. An der Farbe der Augen
d. An der Farbe des Kammes

Welches Tier ist im Hinduismus nicht heilig?

a. Ratten
b. Pfau
c. Elefant
d. Fledermaus

Die Makrele ist ein in Küstengewässern lebender Schwarm-
fisch. Alle anderen Fische sind Süßwasserfische und kommen in Binnengewässern vor. Richtig wäre aber auch der
Karpfen, denn er ist als einziger kein Raubfisch.

Es stimmt b. Papageifische knabbern kleine Algen vor den
Korallenbänken ab und nehmen dabei Kalkstein-Partikel
und andere kalkhaltige Bestandteile auf, die sie dann wieder
ausscheiden.

Antwort a. stimmt. Anhand der Hautlappen unter dem Ohr,
den sogenannten Ohrenscheiben, kann man erkennen, ob
ein Huhn braune oder weiße Eier legen wird. Rote Ohrenscheiben = braune, weiße Ohrenscheiben = weiße Eier.

Es ist d.: Die Fledermaus gehört nicht dazu. Außer den
Genannten sind zudem der Affe, die Kuh, die Schlange und
der Tiger heilig.

Tiere

Welches Tier ist in der Regel am größten und schwersten?

a. Löwe
b. Gepard
c. Leopard
d. Tiger

a.

b.

c.

d.

Es ist d. Der Sibirische Tiger ist eine Unterart des Tigers und die größte lebende Katze der Welt. Seine Schulterhöhe liegt bei bis zu 110 cm und er kann über 300 kg wiegen. Der Löwe ist zwischen 95 und 105 cm hoch und wiegt im Schnitt zwischen 150 und 250 kg. Der Gepard misst, ähnlich dem Leoparden, circa 80 cm Höhe bei einem Gewicht von rund 60 kg.

Tiere

 15

Welcher Fisch ist kein Kabeljau?

a. Dorsch
b. Skrei
c. Dorsz
d. Torsk

 16

Wenn ein Tiger in der afrikanischen Steppe auf einen Löwen trifft, wer gewinnt in der Regel?

a. Tiger
b. Löwe
c. Keiner von beiden
d. Der mit der besseren Strategie

 17

Wer passt nicht in die Reihe?

Petz – Reineke – Lampe – Balu – Isegrim – Adebar

 18

Wo lebt der Schneeaffe oder Rotgesichtsmakake?

a. Sibirien
b. Grönland
c. Japan
d. Kasachstan

Alle sind Kabeljaue. Als Dorsch bezeichnet man junge Kabeljaue vor der Geschlechtsreife sowie kleine Ostsee-Kabeljaue.
Torsk wird der Kabeljau in Norwegen und Dorsz in Polen
genannt. Skrei ist der Winterkabeljau aus Norwegen.

Es ist c. Keiner von beiden, denn in Afrika gibt es keine Tiger!

Bis auf Balu sind es alles Namen von Fabeltieren. Petz der
Bär, Reineke der Fuchs, Lampe der Hase, Isegrim der Wolf
und Adebar der Storch. Balu war in dem Disney-Klassiker
„Das Dschungelbuch" von 1967 der treue Freund Moglis. Der
sich, während er seinen Rücken an der Palme kratzte, sein
„Probier's mal mit Gemütlichkeit …" sang.

c. ist richtig – auch Japanmakak genannt. Im Winter halten
sich diese gerne stundenlang in heißen Quellen auf.

Umwelt & Klima

Umwelt & Klima

Was ließ die Wackler Group 2016 mit einer Markenanmeldung schützen?

a. Die Unternehmensmarke „Wackler"
b. Die Marke „Die Münchner Heinzelmännchen"
c. Die Homepage: www.wackler-group.de
d. Die Marke „Wackler Green Clean" für umweltfreundliche Gebäudereinigung

Seit wann gibt es das Bundesministerium für Umwelt, Naturschutz und nukleare Sicherheit?

a. 1966
b. 1976
c. 1986
d. 1996

Warum verhungern immer mehr Eisbären?

a. Es gibt keine Robben mehr
b. Es gibt zu wenige weibliche Eisbären
c. Es gibt zu wenig Eisschollen
d. Forscherteams verjagen zunehmend deren Beute

Nach welcher Stadt wurde das allgemeine und rechtsverbindliche weltweite Klimaschutz-Übereinkommen zwischen 196 Mitgliedsstaaten UNFCCC (Klimarahmenkonvention der Vereinten Nationen) benannt?

a. Kyoto
b. Paris
c. London
d. Tokio

Korrekt ist Antwort d. Der Premium-Reinigungsservice „Wackler-Green-Clean" verbindet Umweltschutz, Sauberkeit, Hygiene und höchste Qualität in der Gebäudereinigung und wurde 2016 als Marke in diesem Bereich für die Firma Wackler eingetragen.

Antwort c. stimmt. Damals stand anstelle von nuklearer Sicherheit „Reaktorsicherheit". Erster Minister war Walter Wallmann von der CDU, und 1994 war es Angela Merkel, die das Amt innehatte.

Korrekt ist c. Genauer ist es der menschgemachte Klimawandel und die damit verbundene Erderwärmung, die das Eis schmelzen und die Eisschollen verschwinden lassen. Die Eisbären brauchen die Schollen jedoch zur Jagd auf Robben. Ohne Eisschollen kein Futter.

4

Es stimmt b. Es heißt das Pariser Abkommen von 2015 und umfasst einen Maßnahmenplan, der die Erderwärmung deutlich unter 2 Grad Celsius begrenzen soll. Die aktuelle Forderung liegt bei möglichst 1,5 Grad Celsius.

Umwelt & Klima

5

Wer „schluckt" die meiste Energie in Deutschland?

a. Industrie
b. Private Haushalte
c. Verkehr
d. Gewerbe

6

Wie viel Tonnen CO_2 verursacht jeder Deutsche im Jahr?

a. 1,4 Tonnen
b. 5,3 Tonnen
c. 11,1 Tonnen
d. 15,1 Tonnen

7

Welche Thesen zum Thema Klimawandel vertritt der amerikanische Präsident Donald Trump ausnahmsweise nicht?

a. Der Klimawandel wurde von und für Chinesen geschaffen
b. Gebt mir saubere, schöne und gesunde Luft – nicht immer diesen alten Quatsch über Klimawandel
c. Es gibt einen Unterschied zwischen Klima und Wetter
d. Es ist Ende Juli und echt kalt draußen in New York. Wo zum Teufel ist die Erderwärmung

Antwort b. ist korrekt. Es sind wir, besser die privaten Haushalte, die mit einem Anteil von 30 Prozent die meiste Energie verbrauchen. Und wofür? Für Raumwärme, Warmwasser, Elektrogeräte und Beleuchtung. Der Verkehr hat einen Anteil von 28 Prozent, die Industrie von 26 Prozent und das Gewerbe von 16 Prozent.

Es stimmt Antwort c. Es sind 11,1 Tonnen CO_2-Ausstoß pro Bürger. Das Bundesumweltamt bezeichnet einen Ausstoß von 2,5 Tonnen als umweltverträglich.

7

Es ist c. Leider. Alles andere hat er gesagt/getweetet. Vielleicht sollte er sich den Unterschied zwischen Klima und Wetter einmal genauer anschauen. Zu unserer Aussage d. bekam er von Jon Foley, Chef der Akademie der Wissenschaft in Kalifornien, diese schöne Antwort: „Der globale Klimawandel ist sehr real, auch wenn es jetzt gerade kalt außerhalb des Trump Towers ist. So wie es immer noch Hunger auf der Welt gibt, auch wenn Sie gerade einen Big Mac gegessen haben."

8

Um wie viel Grad Celsius ist die globale Durchschnittstemperatur seit 1900 gestiegen?

a. 0,5 Grad
b. 1,0 Grad
c. 1,5 Grad
d. 2,0 Grad

9

Seit wann gibt es bleifreies Benzin?

a. 1955
b. 1963
c. 1983
d. 1995

10

Welche Aussage über die Plastiktüte (Polyethylen/Trage-
tasche) stimmt nicht?

a. Für eine herkömmliche 20 g schwere Plastiktüte
   braucht man 40 g Erdöl
b. 29 Tüten wurden 2017 pro Kopf in Deutschland in den
   Umlauf gebracht
c. In 2019 soll die Plastiktüte laut EU-Verordnung 0,75 Euro
   kosten
d. Eine Plastiktüte braucht zwischen 100 und 500 Jahre,
   bis sie verrottet ist

Antwort a. ist richtig. Die Durchschnittstemperatur der Erde ist seit 1900 um rund 0,7 Grad Celsius gestiegen. Dieser Anstieg erscheint nicht sehr hoch. Doch zwischen einer Eis- und einer Warmzeit, die sich aufgrund natürlicher Faktoren abwechseln, liegt auch nur ein Unterschied von sechs bis sieben Grad Celsius in der globalen Mitteltemperatur.

Es stimmt a. Eigentlich aber auch c. 1955 bot ARAL als einziges Unternehmen weltweit bleifreies Benzin an. 1983 wurde es im Rahmen des wachsenden Umweltbewusstseins gefordert und eingeführt. Am 7. November 1983 nahm die Allguth-Filiale in München als erste kommerzielle Tankstelle Europas die vierte Zapfsäule in Betrieb.

Antwort c. stimmt. Bisher ist diesbezüglich noch nichts vonseiten der EU geplant. Aber vielleicht wäre es gut. Denn: Seitdem Tüten an der Kasse etwas kosten, ist der Verbrauch deutlich zurückgegangen. Wenn Umdenken anders nicht funktioniert … Ein Lichtblick: Die EU-Kommission einigte sich Ende 2018 auf ein Verbot von Einweg-Plastik (zum Beispiel: Wattestäbchen, Trinkhalme und Plastikgeschirr).

11

Wofür steht das Kyoto-Protokoll?

a. Artenschutz-Vereinbarung
b. Seniorenschutz-Vereinbarung
c. Klimaschutz-Vereinbarung
d. Sprachenschutz-Vereinbarung

12

Um wie viel Prozent ist die Schwefeldioxid-Emission in Deutschland seit 1990 gesunken?

a. 70 Prozent
b. 80 Prozent
c. 90 Prozent
d. 95 Prozent

13

Wann kann sich ein Unternehmen „klimaneutral" nennen?

a. Wenn ein Unternehmen nachweislich umweltbewusst und umweltschonend agiert
b. Wenn die unternehmensbedingten Emissionen durch entsprechende Emissionseinsparungen und Rest-emissionen durch Klimaschutzprojekte ausgeglichen werden
c. Wenn ein Unternehmen nur umweltfreundliche Produkte verwendet oder verkauft
d. Wenn ein Unternehmen umweltschutzzertifiziert ist

c. ist korrekt. Das Kyoto-Protokoll ist ein im Dezember 1997 beschlossenes Zusatzprotokoll zur Ausgestaltung der Klimarahmenkonvention der Vereinten Nationen. In Kraft getreten ist das Abkommen im Februar 2005 und es legt erstmals völkerrechtlich verbindliche Zielwerte für den Ausstoß von Treibhausgasen fest. Na ja, zwischen festlegen und tun liegen Welten – aber besser als nichts. USA und Kanada sind übrigens nicht mit dabei.

Antwort c. stimmt. Die Schwefeldioxid-Emissionen sind in Deutschland seit 1990 um über 90 Prozent gesunken. Dank schärferer Umweltgesetze, wie die Einführung schwefelarmer Kraftstoffe oder die Stilllegung oder Nachrüstung von Industrieanlagen und Kraftwerken mit Entschwefelungsanlagen. „Sauren Regen", der infolge hoher Schwefelemissionen entsteht und große Waldschäden anrichtet, gibt es in Europa zum Glück kaum noch.

b. ist korrekt. Die Wackler Group macht's vor. Seit Anfang 2018 ist Wackler klimaneutral. Das Unternehmen konnte in den letzten Jahren seine Energieeffizienz stetig verbessern und den CO_2-Ausstoß deutlich verringern. Klimaneutral zu sein, bedeutet auch, die restlichen und unvermeidbaren Treibhausgasemissionen, die erzeugt werden, zu kompensieren – sie durch Klimaschutzmaßnahmen an anderer Stelle auszugleichen.

Welchen prozentualen Anteil an den deutschen Kernkraftwerken haben die „Big Four" der Energieriesen E.ON, Vattenfall, RWE, EnBW?

a. 60 Prozent
b. 70 Prozent
c. 80 Prozent
d. 90 Prozent

Was zeichnet ein „Grünes Büro" und/oder seine Mitarbeiter/-innen aus?

a. Viele Pflanzen
b. Umweltbewusste Ausstattung und umweltschonendes Verhalten
c. Es gehört den „Grünen"
d. Monochromes Design

Bedingt durch den Klimawandel, steigen auch die Temperaturen in den Großstädten. Um wie viele Grad sind die Temperaturen in den letzten 30 Jahren in den europäischen Hauptstädten durchschnittlich gestiegen?

a. 0,5 Grad
b. 1,0 Grad
c. 1,5 Grad
d. 2,0 Grad

Was erklärt die Theorie des Schneeball-Erde-Modells?

a. Dass die Erde mehrmals fast komplett mit Eis bedeckt war
b. Die Entstehung der letzten Eiszeit
c. Wann die nächste Eiszeit kommt
d. Die Geschwindigkeit von Schneebällen bei unterschiedlicher Geschwindigkeit

Antwort c. stimmt. Den vier Großkonzernen E.ON, Vattenfall, EnBW und RWE gehören mehr als 80 Prozent der deutschen Kernkraftwerke. In Sachen erneuerbare Energien hinken sie in diesem Marktsegment aber deutlich hinterher.

Alles in allem stimmt b. Natürlich gehören Pflanzen in ein Grünes Büro, um die Luft zu reinigen. Und sicher achten die „Grünen" auf Umweltschutz. Ein Grünes Büro muss nicht zwingend deren Parteimitgliedern vorbehalten sein, sondern nur denen, die in ihrem Büroalltag auf umweltschonendes und nachhaltiges Arbeiten achten. Angefangen beim richtigen Heizen und Lüften oder bei der Reduktion des Papier- und Stromverbrauchs.

Antwort b. ist richtig. Eine Studie des „World Wildlife Fund for Nature" (WWF) von 2005 zeigt, dass in 13 von 16 untersuchten europäischen Hauptstädten die Temperaturen um durchschnittlich ein Grad angestiegen sind. Mit einem Plus von 2,2 Grad liegt Madrid dabei an der Spitze. Kopenhagen und Dublin blieben von der „Hitzewelle" verschont.

Antwort a. ist richtig. Das Schneeball-Erde-Modell besagt, dass die Erde in der Vergangenheit mehrmals fast vollständig von Eis bedeckt war. Aufgetaut ist die Erde laut Wissenschaftlern immer wieder, weil aktive Vulkane während ihrer Eruptionen genug Treibhausgase ausgestoßen haben, sodass sich der Globus wieder erwärmte.

18

Wie lange dauert es noch, bis die Alpen gletscherfrei sind, wenn die nächsten Jahrzehnte klimatisch ähnlich verlaufen wie die vergangenen 20 Jahre?

a. 50 Jahre
b. 100 Jahre
c. 150 Jahre
d. 200 Jahre

19

Um wie viel Grad würde die Temperatur auf der Erde abnehmen, wenn es keinen natürlichen Treibhauseffekt gäbe?

a. Minus 10 Grad
b. Minus 20 Grad
c. Minus 30 Grad
d. Minus 40 Grad

20

Was führt nicht zu einer Erwärmung des Klimas?

a. Erhöhte CO_2-Werte
b. Schrumpfen von Eisflächen
c. Rodung von Wäldern
d. Große Vulkanausbrüche

Antwort b. ist richtig. Das allerletzte Eis der Alpen dürfte in 100 Jahren eventuell noch am Großen Aletschgletscher zu finden sein, meint Ludwig Braun, Leiter der Kommission für Glaziologie der Bayerischen Akademie der Wissenschaften. An einigen Stellen des Gletschers sei das Eis nur noch rund 900 Meter dick. Ohne Gletscher könnten bis zum Jahr 2050 manche Alpenflüsse im Sommer fast vollständig trockenfallen.

Antwort b. ist richtig – rund minus 20 Grad. Durch den Treibhauseffekt wird die Wärme auf der Erde gespeichert und das Einfrieren des Planeten verhindert. Der Treibhauseffekt sorgt dafür, dass die warme Strahlung der Sonne in der Erdatmosphäre gespeichert wird. Je höher die Konzentration der Treibhausgase (Methan, Wasserdampf und Kohlenstoffdioxid), desto mehr heizt sich die Erdatmosphäre auf.

Antwort d. ist richtig. Bei Vulkanausbrüchen werden Tausende Tonnen Schwefeldioxid in die Atmosphäre geschleudert. Es kommen also weniger Sonnenstahlen auf der Erde an, wodurch sich das Klima abkühlt.

Was passiert, wenn Eisberge am Nordpol schmelzen?

a. Meeresspiegel bleibt unverändert
b. Meeresspiegel steigt
c. Eisberge schmelzen nicht
d. Meeresspiegel sinkt

Was bezeichnet man als „Kleine Eiszeit"?

a. Als die Alpen völlig von Eis bedeckt waren
b. Wenn sich das Klima um 10 Grad abkühlt
c. Wenn das Klima gegenüber heute um mehr als
   5 Grad abkühlt
d. Wenn sich das Klima um circa 2 Grad abkühlt

Welche Tiere tragen maßgeblich zum Ausstoß von Treibhausgasen in die Atmosphäre bei?

a. Elefanten
b. Stinktiere
c. Hunde
d. Rinder

Antwort b. ist richtig. Wir kennen: Eis und Wasser haben dieselbe Masse und verdrängen somit gleich viel Wasser, der Pegel steigt nicht an. Aber: Im Ozean sind große Mengen Salz gelöst, die das Wasser dichter machen. Es hat eine Dichte von etwa 1.026 Kilogramm pro Kubikmeter, reines Wasser lediglich eine von 1.000 Kilogramm pro Kubikmeter. Eisberge, Meer- und Schelfeis bestehen aus fast reinem Wasser, das heißt, die Dichte des darin gespeicherten Wassers ist geringer als die des Meeres. Schmelzen die Eisberge, verändert sich also nicht die Masse des Ozeans, wohl aber seine Dichte. Der Meeresspiegel steigt minimal.

Gesucht ist Lösung d. Als „Kleine Eiszeit" bezeichnen Forscher die Zeit, in der sich die globalen Durchschnittstemperaturen nach einem relativ warmen Abschnitt deutlich verringert haben. So zum Beispiel von 1450 bis 1850 nach Christi. Damals lagen die Temperaturen etwa 1 bis 1,5 Grad unter dem heutigen Durchschnitt.

Antwort d. ist korrekt. Wenn Wiederkäuer wie Schafe oder Rinder „rülpsen", setzen sie Methan frei. Methan ist neben dem Kohlendioxid ein hochwirksames Treibhausgas und damit mitverantwortlich für die Klimaerwärmung. Ein Rind stößt nach Berechnungen der Australian Commonwealth Scientific and Research Organisation (CSIRO) rund 114 kg Methangas pro Jahr aus.

24

Was sind Permafrostböden?

a. Eine spezielle Bodenauflage beim Hausbau
b. Böden, die das ganze Jahr gefroren sind
c. Besondere TK-Produkte
d. Böden, die im Winter einfrieren

25

Laut Zahlen der Vereinten Nationen von 2017 gibt es mehr Klimaflüchtlinge als Vertriebene durch Kriege. Wie viele Menschen fliehen jedes Jahr?

a. 5 Millionen
b. 15 Millionen
c. 25 Millionen
d. 35 Millionen

26

Der Albedo-Effekt …

a. ist der Grund, warum das Schmelzen der Gletscher durch die globale Erwärmung ein Teufelskreis ist
b. erklärt, warum es unsere heimischen Marienkäfer bald nicht mehr gibt
c. zeigt die Auswirkungen der Rodung von Waldgebieten
d. bezeichnet die Langzeitfolgen von Atommüll

27

Wie hoch war der Anteil an erneuerbarer Energie am Stromverbrauch (Ökostrom) in Deutschland 2018?

a. 28 Prozent
b. 38 Prozent
c. 48 Prozent
d. 58 Prozent

24

Korrekt ist b. Permafrostböden werden auch Dauerfrostböden genannt. Eine Erwärmung ist hier insbesondere problematisch, weil erhebliche Mengen eingelagerter Kohlenstoffe freigesetzt werden, die den Treibhauseffekt weiter erhöhen. Forscher warnen davor, dass diese Methanfreisetzung katastrophale Folgen haben könnte.

25

Antwort c. ist richtig. Rund 25 Millionen Menschen müssen jedes Jahr vor den Folgen des Klimawandels fliehen. Das sind rund dreimal mehr als Vertriebene durch Krieg und politische Verfolgung. Dürren lassen das Vieh sterben, Wasser und Lebensmittel sind rar. Die meisten Klimaflüchtlinge bleiben noch im eigenen Land, sie ziehen unter anderem in die Slums der Großstädte. Es trifft – wie immer – die Menschen in den Entwicklungsländern. Dabei gehen vier Fünftel der von Menschen verursachten CO_2-Anreicherung in der Atmosphäre auf das Konto der Industriestaaten.

26

Richtig ist a. Grundsätzlich ist Albedo das Rückstrahlvermögen von diffus reflektierenden, nicht selbst leuchtenden Oberflächen. Helle Gletscher oder Meereis reflektieren das Sonnenlicht, das heißt, sie schützen die Erde vor der Erwärmung. Schmelzen die Gletscher, wird das Eis zu Meer, welches deutlich weniger Sonnenstrahlen reflektiert. Die Erwärmung nimmt zu, noch mehr Gletscher schmelzen und so weiter und so fort.

27

Antwort b. ist korrekt. Viel Wind, viel Sonne, wenig Regen. So niederschmetternd die Wetterlage 2018 für die Landwirtschaft war, so positiv war sie für die Energiebranche.

Weihnachten & Advent

Jagertee muss aus Österreich kommen. Wie lautet sein Name in Deutschland?

a. Strohrumtee
b. Rauschgoldtee
c. Hüttentee
d. Feuerzangentee

Wie heißt das Weihnachtsgedicht in Loriots klassischer Sendung „Weihnachten bei Hoppenstedts"?

a. Von drauß' vom Walde …
b. Ho, ho, ho!
c. Zicke Zacke Hühnerkacke!
d. Früher war mehr Lametta!

Welches berühmte Buch beginnt so: „Wenn die Kinder artig sind, kommt zu ihnen das Christkind …"?

a. Max & Moritz
b. Der Struwwelpeter
c. Grimms Märchen
d. Peterchens Mondfahrt

Wenn der Original-Nikolaus heute leben würde, in welchem Land wäre er dann zu Hause?

a. Italien
b. Holland
c. Finnland
d. Türkei

Antwort c. ist korrekt. Jagertee ist der beliebte „Warm-macher" auf österreichischen Ski- und Wanderhütten und besteht aus Schwarztee und Inländer-Rum. Er darf nur als solcher bezeichnet werden, wenn er in Österreich hergestellt wird und auch nur Inländer-Rum enthält. Deutsche Hersteller müssen laut EU-Verordnung die Alternativbezeichnung „Hüt-ten- oder Förstertee" verwenden. Ab dem dritten Glas ist der Name dann ohnehin egal.

c. stimmt. Es war die Weihnachts-Sendung des legendären Vicco von Bülow alias Loriot, in der ein Atomkraftwerk zum Selberbauen einfach „Puff" macht, Frau Hoppenstedt sich mit Herrn Jürgens dem Alkohol hingibt und sich Gedanken über das Blasen und Saugen an sich macht und in dem Dicki Hoppenstedt seine Interpretation eines Weihnachtsgedichtes von sich gibt: „Zicke Zacke Hühnerkacke".

Antwort b. – Der Struwwelpeter ist richtig.

d. ist die korrekte Antwort. Er war Bischof von Myra in der Provinz Antalya in der heutigen Türkei.

5

Seit welchem Jahr gibt es den Christkindlmarkt auf dem Marienplatz in München?

a. 1949
b. 1954
c. 1968
d. 1972

6

Seit wann darf der Vorname Jesus in Deutschland vergeben werden?

a. 1968
b. 1978
c. 1988
d. 1998

7

An einem Christbaum brennen 64 Kerzen. Ein Lufthauch bläst davon die Wurzel von 8 : 1/2 aus. Wie viele Kerzen brennen noch?

a. 60
b. 62
c. 58
d. 56

8

Die „Heiligen Drei Könige" brachten dem Christuskind drei Geschenke mit. Welches war nicht dabei?

a. Brot
b. Myrrhe
c. Weihrauch
d. Gold

Seit d. 1972. Gemeine Frage, denn die Betonung lag hier bei
„… auf dem Münchner Marienplatz". Eigentlich ist er deutlich
älter. Er wurde als „Nikolaimarkt" 1310 erstmals urkundlich
erwähnt, hatte über die Jahrhunderte hinweg mehrere Stand-
orte und wurde 1806 in Christkindlmarkt umbenannt. Auf
dem Marienplatz ist er erst seit 1972.

Antwort d. ist korrekt, seit 1998, nach einer Entscheidung
des Oberlandesgerichts Frankfurt. In Deutschland war der
männliche Vorname bis dato nicht zugelassen.

a. ist korrekt. Wer denkt, 8 dividiert durch ½ ist gleich 4, liegt
falsch. Denn das wäre ja 8 : 2 = 4. Dagegen ist 8 : 1/2 = 16,
und die Wurzel aus 16 ergibt 4, und 64 minus 4 ergibt 60.

Sie brachten a. kein Brot mit.

9

Wodurch unterscheidet sich ein englischer Adventskalender von einem deutschen?

a. Er hat keine Türchen
b. Er hat 25 Türchen
c. In England gibt's gar keine Adventskalender
d. Sie sind traditionsgemäß alle grün

10

Wer hielt die Weihnachtsansprache zur Jahrhundertwende im Jahr 2000?

a. Johannes Rau
b. Angela Merkel
c. Wolfgang Thierse
d. Roman Herzog

11

1931 beauftragte Coca-Cola den Grafiker Haddon Sundblom mit der Neugestaltung des Weihnachtsmannes. Mit seinen roten Pausbacken und rotweißer Robe, der warmen, lieblichen Art prägte Coca-Cola das Image vom Weihnachtsmann neu. Welche Farbe hatte der Weihnachtsmann vorher?

a. Grün   b. Gelb
c. Braun   d. Blau

12

Der Weihnachtsmann ist mit Lichtgeschwindigkeit unterwegs. Von der Sonne zur Erde würde er rund 8 Minuten brauchen, so lange reist das Licht von der Sonne zur Erde. Wie lange braucht er mit Lichtgeschwindigkeit vom Mond bis zur Erde?

a. Etwas mehr als einen Tag
b. Etwas mehr als eine Stunde
c. Etwas mehr als eine Minute
d. Etwas mehr als eine Sekunde

b. ist korrekt. Ein typischer englischer Adventskalender hat 25 Türchen – weil bei den Engländern „Santa Clause" erst in der Nacht zum 25. Dezember durch den Kamin rutscht, und es erst danach Geschenke gibt.

a. stimmt. Seit 1970 hält die jährliche Weihnachtsansprache der Bundespräsident. Das war vorher anders, denn von 1949 bis 1969 lag diese Ehre beim Bundeskanzler, der Bundespräsident sprach zu Neujahr. Also hielt Johannes Rau im Jahr 2000 die Weihnachts- und der damalige Kanzler Gerhard Schröder die Neujahrsansprache.

Richtig ist d. Im 19. Jahrhundert gab es das „Väterchen Winter/Frost", Vorbild für die Gestalt des blauen Weihnachtsmannes. Er trägt auch einen langen weißen Bart und einen mit Pelz besetzten Mantel – jedoch in der Farbe Blau. Das äußere Erscheinungsbild symbolisierte die Kälte des Winters.

d. stimmt. Etwas mehr als eine Sekunde. Die Durchschnittsentfernung von der Erde zum Mond liegt bei knapp 400.000 km. Für 300.000 km braucht das Licht eine Sekunde. Übrigens: In Sonnennähe, dem sogenannten Perihel, beträgt der Abstand zwischen der Erde und der Sonne 147,1 Millionen Kilometer.

„Last Christmas" von der Gruppe WHAM! von 1984 ist das wohl „trashigste Weihnachts-Video" überhaupt. Es wurde in welchem Land gedreht?

a. Schweden
b. Frankreich
c. Österreich
d. Schweiz

Nehmen wir mal an, Sie fliegen in den Weihnachtsurlaub, und zwar nach Hawaii. Ihr Flugzeug startet in Frankfurt und fliegt nonstop auf dem kürzesten Weg nach Hawaii. In welche Richtung wird das Flugzeug losfliegen? Nach Osten? Oder ist es nach Westen näher? Oder gar Süden oder Norden?

a. Norden
b. Süden
c. Westen
d. Osten

d. ist richtig. „Last Christmas I gave you my heart …". Jeder kennt das wohl am häufigsten gespielte Lied zur Weihnachtszeit und sein dazugehöriges Video (Schneeball werfende, fröhliche Menschen in 1980er-Kluft und mit verwegenen Föhn-Frisuren …). Gedreht wurde das Video in Saas Fee im Schweizer Kanton Wallis mit Sänger George Michael (1963–2018).

a. stimmt. Die Route nach Norden über den Nordpol ist mit Abstand die kürzeste, um die wundervolle Insel zu erreichen.

Wo findet der älteste Weihnachtsmarkt in Deutschland statt?

a. Dresden
b. Leipzig
c. Bautzen
d. Plauen

Weiße Weihnacht: draußen dicke Flocken, drinnen Bescherung. Nur leider viel zu selten. Wann war ganz Deutschland zum letzten Mal komplett schneeweiß an Heiligabend?

a. 1971
b. 1981
c. 1991
d. 2001

Der Weihnachtsmann fährt mit dem Rentierschlitten vom Nordpol nach Buxtehude. Hinwärts geht es mit dem Schlitten voller Geschenke nur langsam: 100 km/h. Rückwärts geht es mit dem leeren Schlitten doppelt so schnell: 200 km/h. Welches Durchschnittstempo hat er auf Hin- und Rückweg?

HARTE NUSS VON CUS

a. 155 km/h   b. 133 km/h
c. 125 km/h   d. 100 km/h

c. ist korrekt. 2015 wurde ein langjähriger Streit zwischen Dresden und Bautzen geschlichtet. Laut „Rekord-Institut" bestätigt eine Urkunde, dass Dresden der älteste Weihnachtsmarkt ist, eine Chronik jedoch den „Wenzelsmarkt" in Bautzen als ältesten erwähnten Weihnachtsmarkt auszeichnet (1384). Zu Beginn der kalten Jahreszeit deckten sich die Menschen mit Vorräten für den Winter ein. Aus diesen Märkten gingen dann später die Weihnachtsmärkte hervor.

Antwort b. stimmt. Es war 1981. München zeigt sich etwa alle drei Jahre im Schneekleid. Dresden kann statistisch alle fünf Jahre damit rechnen, Hamburg nur alle neun Jahre. Wer sicher Schnee zu Weihnachten haben möchte, der sollte auf die Zugspitze, denn Deutschlands höchster Berg gilt bislang als schneesicher.

b. stimmt. 133 km/h – er ist doppelt so lange langsam unterwegs wie schnell.

„Von drauß vom Walde komm ich her; ich muss euch sagen, es weihnachtet sehr …" – Wer schrieb dieses Gedicht?

a. Theodor Storm
b. Eduard Mörike
c. Friedrich Hebbel
d. Josef von Eichendorff

Wenn im Weihnachtslied der Schnee leise rieselt, was „glänzet" da so „weihnachtlich"?

a. Der See
b. Der Schnee
c. Der Wald
d. Die Kinderaugen

Welches Weihnachtslied gilt als die meistverkaufte Single aller Zeiten?

a. „Last Christmas" von WHAM!
b. „Lonely this Christmas" von Elvis Presley
c. „White Christmas" von Bing Crosby
d. „Feliz Navidad" von José Feliciano

Es war a. Theodor Storm (1817–1888), der in Husum gebo-
rene Schriftsteller und Lyriker (nebenbei auch Anwalt und
Richter) schrieb diesen Satz in seinem Gedicht über Knecht
Ruprecht.

Korrekt ist c. „Weihnachtlich glänzet der Wald: Freue dich,
Christkind kommt bald!"

Antwort c. stimmt. „I'm dreaming of a White Christmas"
(1947) in der Fassung von Bing Crosby. Das Lied gilt mit
geschätzten 50 Millionen verkauften Einheiten als die meistverkaufte Single aller Zeiten. Das meistgespielte ist nach wie
vor der Weihnachtsrenner „Last Christmas" von WHAM!.

Weltraum

Weltraum

Wie hieß der erste deutsche Astronaut im Weltall?

a. Klaus-Dietrich Flade
b. Ulf Merbold
c. Sigmund Jähn
d. Alexander Gerst

2

Mit wie viel Kilometer pro Stunde flog das Space-Shuttle, kurz bevor es den Orbit erreichte?

a. Rund 4.000 km/h
b. Rund 8.000 km/h
c. Rund 12.000 km/h
d. Rund 29.000 km/h

3

Welches Fluggerät war als erstes auf dem Mond?

a. Lunik 2
b. Ranger 4
c. Luna 9
d. Apollo 11

b. ist korrekt. Sigmund Jähn war zwar 1978 der erste Deutsche, der ins All flog, aber offiziell als Kosmonaut. Als Astronaut flog erstmals Ulf Merbold 1983 ins Weltall. Es folgte
1992 Klaus-Dietrich Flade, danach Alexander Gerst 2014 und
2018.

Antwort d. stimmt. Mit unvorstellbaren 28.900 km/h werden
die Astronauten ins All „katapultiert". Sieben Sekunden nach
dem Start liegt die Geschwindigkeit bei 140 km/h, pro Sekunde werden in dieser Phase rund neun Tonnen Treibstoff
verbraucht. Und dann geht alles – im wahrsten Sinne des
Wortes – rasend schnell. Vier Minuten nach Startbeginn beträgt die Geschwindigkeit bereits 16.000 km/h und kurz vor
dem Eintritt in den Orbit 28.900 km/h, sprich rund 8 Kilometer pro Sekunde, München–Hamburg in 100 Sekunden.

Die Lösung ist a. Die sowjetische Sonde Lunik 2 schlug
als erste am 13. September 1959 auf dem Mond auf. Ob
man dabei von einer Landung im Sinne der zivilen Luftfahrt
sprechen kann, darf bezweifelt werden. Zumindest hat das
Geschoss den Mond getroffen.

4

Wie hieß der Astronaut, der als zweiter Mensch seinen Fuß auf einen anderen Planeten setzte?

a. Neil Armstrong
b. Edwin Aldrin
c. Michael Collins
d. Keiner von ihnen

5

Ergänzen Sie das folgende System:

M – V – E – M – J – S – U – ...

Welcher Buchstabe fehlt noch?

a. N
b. O
c. P
d. X

d. ist korrekt. Der Mond ist kein Planet. Planeten sind Himmelskörper, die sich um die Sonne drehen. Monde sind Satelliten und drehen sich um Planeten. Bisher hat kein Mensch seinen Fuß auf einen anderen Planeten gesetzt.

a. ist korrekt. „All-Wissende", die sich im All auskennen und das „System" erkannt haben, waren im Vorteil. Es handelt sich um die Anfangsbuchstaben der Planeten: beginnend mit M wie Merkur, dem sonnennächsten Planeten, gefolgt von V wie Venus, E wie Erde, M wie Mars, J wie Jupiter, S wie Saturn und U wie Uranus. Gesucht war N wie Neptun. Der Pluto ist seit 2006 offiziell kein Planet mehr, weil er dafür zu klein ist.

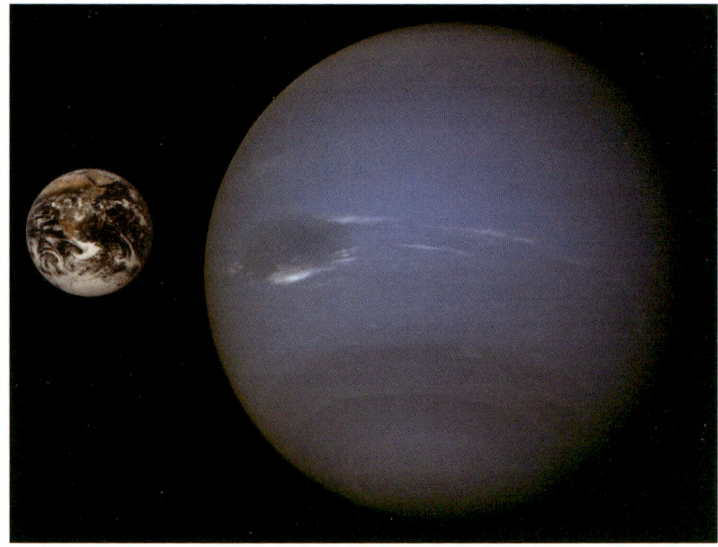

6

Welches war das erste Tier im Weltall?

a. Der Rhesusaffe Albert I
b. Die Mischlingshündin Laika
c. Die Katze Alf
d. Ein paar Fruchtfliegen

7

Welcher Gegenstand ist am weitesten von der Erde entfernt?

a. ISS
b. Hubble
c. Voyager
d. Rosetta

8

Wie viele Menschen waren bisher auf dem Mond?

a. 2
b. 4
c. 8
d. 12

9

Welches Ritual musste der deutsche Astronaut Alexander Gerst vor dem Start mit seinen All-Kollegen vollziehen?

a. Ein rohes Ei auf der Rakete zerschlagen
b. Einen Baum pflanzen
c. Sich gegenseitig auf den Helm hauen
d. An die Reifen des Transportbusses urinieren

b. ist korrekt. Die Hündin Laika (übersetzt: Kläffer) war das erste Lebewesen, das den Orbit erreichte.

c. stimmt. Voyager 1 ist eine Raumsonde, die zur Erforschung des äußeren Planetensystems und des interstellaren Raums 1977 von der NASA ins All geschickt wurde und bis heute Daten schickt. Sie ist mit rund 20 Milliarden Kilometern das von der Erde am weitesten entfernte, von Menschenhand gebaute Objekt. Und jährlich entfernt sie sich um rund 540 Millionen Kilometer mehr.

Antwort d. ist korrekt. Bis heute haben insgesamt 12 Menschen die Mondoberfläche betreten, allesamt US-Amerikaner.

Es stimmt b. Obwohl es der Sage nach auch d. sein könnte, denn viele Stimmen behaupten, die russische Weltraumlegende Juri Gagarin hätte dies vor seinem Start getan und alle weiteren Raumfahrer würden seinem „Vorbild" folgen. Gewiss ist, dass Alexander Gerst, wie seine Kollegen, einen Baum pflanzte. Einer von mehreren in der „Allee der Kosmonauten" in Baikonur.

Wissenschaft & Technik

1

Wasserdicht heißt nicht, es kommt kein Wasser rein. Also Vorsicht! Ab wie viel Bar darf ich mit einer Uhr sorgenfrei schwimmen gehen?

a. 3 bar
b. 5 bar
c. 10 bar
d. 20 bar

2

Wer drehte 1896 auf dem Oktoberfest als 17-jähriger Hilfsarbeiter im Schottenhamel-Festzelt Glühlampen ein?

a. Albert Einstein
b. Max Planck
c. Georg Simon
d. Thomas Alva Edison

3

Frisch geschlagenes Holz enthält bis zu 50 Prozent Feuchtigkeit. Wie viel Prozent Restfeuchte sollte Brennholz haben, um einen optimalen Brennwert zu erhalten?

a. 5–10 Prozent
b. 15–20 Prozent
c. 25–30 Prozent
d. 35–40 Prozent

4

Was ist schwerer?

a. Blei
b. Gold
c. Beide gleich schwer
d. Keines von beiden

c. ist korrekt. Erst wenn die Uhr mit 10 bar angegeben ist, kann man damit schwimmen gehen. Bei 3 bar darf ich meine Uhr ein paar Wasserspritzern aussetzen, bei 5 bar kann ich immerhin mit ihr duschen und meine Hände waschen. Für einen Tauchgang muss sie mit 20 bar gekennzeichnet sein.

Antwort a. ist richtig. Eine Leuchte auf der Leiter: Albert Einstein (1879–1955) war Hilfsarbeiter in der Firma seines Onkels „Elektrotechnische Fabrik J. Einstein & Co.". Als 17-Jähriger drehte er im Wiesn-Zelt Glühbirnen ein. Dass man auf der Wiesn zu Raum, Zeit und Materie auch ein ganz anderes Verhältnis bekommen kann, zeigten seine Forschungen Jahre später, die ihn zum bedeutenden Physiker (Nobelpreis 1921) werden ließen.

b. stimmt. An alle Kaminromantiker, „Wir lagen vor Madagaskar"-Lagerfeuerfreunde und Grillmeister: Zur richtigen Befeuerung gehört ein Holz mit einer Restfeuchte von 15 bis 20 Prozent. Wenn zu frisches Brennholz zur Befeuerung des Kaminofens verwendet wird, entstehen dabei mehr gesundheits- und umweltschädliche Abgase als bei ideal getrocknetem Holz. Außerdem ist der Heizwert des Holzes schlechter.

Es ist, das Gold, das schwerer ist. Jeder Stoff besitzt eine spezifische Dichte. Die Dichte beschreibt, wie eng die Teilchen eines Stoffes zusammenliegen. Sie wird bestimmt, indem man das Volumen durch die Masse teilt. Gold hat eine Dichte von 19,302 Gramm pro cm^3 – Blei hat nur 11,3.

5

Auf einem Tisch liegen neun Kugeln und eine Apothekerwaage mit zwei Waagschalen. Eine der neun Kugeln ist schwerer als die anderen acht Kugeln. Der Gewichtsunterschied ist jedoch so gering, dass er nur mithilfe der Waage erkannt werden kann. Wie oft muss man mindestens wiegen, um die schwere Kugel zu finden?

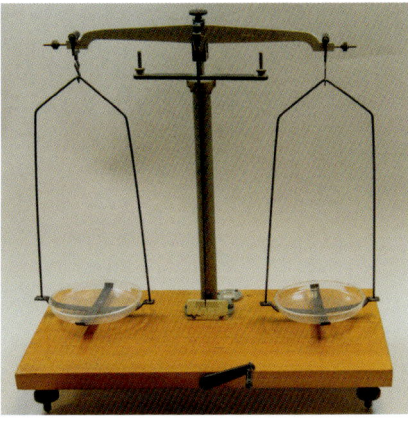

a. Einmal
b. Zweimal
c. Dreimal
d. Viermal

6

Was wurde 1817 erfunden und hieß zunächst LODA – ein Kunstwort aus Locomotion und Dada?

a. Dampfmaschine
b. Eisenbahn
c. Fahrrad
d. Mechanischer Webstuhl

7

Womit darf Mineralwasser ausschließlich versetzt werden?

a. Kohlensäure, Natrium, Kalium, Sodium
b. Kohlensäure, Natrium, Kalium
c. Kohlensäure, Natrium
d. Kohlensäure

Antwort b. ist korrekt. Die Kugeln werden in drei Dreiergruppen geteilt, von denen zwei Gruppen gegeneinander abgewogen werden. Befindet sich die Waage im Gleichgewicht, so ist die gesuchte Kugel in der dritten Gruppe, andernfalls in der Waagschale, die unten steht. Man hat somit drei Kugeln übrig, unter denen eine schwerer sein muss. Zwei von ihnen wiegt man nun gegen einander ab. Befindet sich die Waage im Gleichgewicht, so ist die übrig gebliebene Kugel die gesuchte, wenn nicht, dann liegt sie in der oben stehenden Schale.

c. ist gesucht. Karl von Drais erfand 1817 die Laufmaschine oder Draisine, ein Fahrrad ohne Pedale und nannte es LODA. Erst 1884 entwickelte Starley unter dem Markennamen Rover („Wanderer") sein erstes Zweirad mit Kettenantrieb auf das Hinterrad. Mit dem Bonanza-Rad (1963) und den BMX-Rädern (1972) wird das Fahrradfahren jenseits der Straße populär.

d. ist korrekt. Ausschließlich mit Kohlensäure. Das Gas CO_2 wird umgangssprachlich oft ungenau als Kohlensäure bezeichnet. Tatsächlich wird in der Wasserchemie gelöstes CO_2 mit der eigentlichen Säure H_2CO_3 üblicherweise als freie Kohlensäure zusammengefasst.

8

Wie schnell fallen Schneeflocken etwa?

a. 1 km/h
b. 4 km/h
c. 8 km/h
d. 16 km/h

9

Wo lässt man ein Hühnerei in der Regel am längsten kochen, bis es hart wird?

a. Kuala Lumpur
b. La Paz
c. Buxtehude
d. Honolulu

10

Wie viele Zapfen waren am 25. August 1967 hilfreich?

a. > 1
b. > 10.000
c. > 100.000
d. > 1.000.000

Antwort b. stimmt. Schneeflocken fallen mit rund 4 km/h ver-
hältnismäßig langsam – zum Vergleich: Mittelschwerer Regen
fällt mit circa 20 km/h.

b. ist korrekt. Je höher der Ort, desto dünner die Luft und
desto eher kocht das Wasser. La Paz in Bolivien liegt durchschnittlich 4.000 Meter über dem Meeresspiegel. Hier kocht
Wasser schon bei 87 Grad Celsius. Wenn das Wasser weniger heiß ist, brauchen die Eier auch länger, bis sie gekocht
sind. Die anderen genannten Städte liegen etwa auf Meereshöhe.

Antwort d. ist korrekt. In Zeiten von Flatscreen und „3-D"
kaum zu glauben: Am 25. August 1967 erstrahlten in den
deutschen Wohnzimmern die Fernseh-Bildschirme zum
ersten Mal in Farbe – ein kleines Wunder. Was technisch
nun machbar war, hätte aber keine Chance gehabt, wäre die
Netzhaut des menschlichen Auges nicht mit circa sechs Millionen sogenannter Zapfen ausgestattet. Diese Zapfen sind
lichtempfindliche Zellen unterschiedlicher spektraler Empfind-
lichkeit, die eine Farbwahrnehmung erst möglich machen.

---------- **11** ----------

Auf dem Mount Everest kommt man arg ins Schnaufen. Wie hoch ist dort der Sauerstoffgehalt der Luft im Vergleich zur Meereshöhe?

a. 100 Prozent
b. 50 Prozent
c. 33 Prozent
d. 25 Prozent

---------- **12** ----------

Wer sagte: „KI wird den Menschen insgesamt ersetzen"?

a. Friedrich Dürrenmatt
b. Aldous Huxley
c. Stephen Hawking
d. Frank Schätzing

---------- **13** ----------

Was fiel Isaac Newton angeblich auf den Kopf und brachte ihn damit auf die Entdeckung der Schwerkraft?

a. Vogelschiss
b. Stein
c. Nudelholz
d. Apfel

Korrekt ist a. Zwar liest man immer wieder, dass die Luft dort oben weniger Sauerstoff enthielte. Das ist jedoch falsch. Natürlich wird die Luft insgesamt dünner – aber der Sauerstoffgehalt der Luft bleibt immer konstant bei 21 Prozent und nimmt bis in Gipfelhöhe nicht ab. Durch abnehmenden Luftdruck in der Höhe steht dem Körper auf über 8.000 m nur noch 1/3 des Sauerstoffs auf Meereshöhe zur Verfügung. Sauerstoff wird nur noch sehr langsam ins Blut aufgenommen. In dieser Höhe beginnt die sogenannte Todeszone. Der Körper baut ab, eine Akklimatisierung ist nicht möglich.

c. stimmt, das sagte der 2018 verstorbene und weltberühmte Physiker und Astrophysiker Stephan Hawking über die Künstliche Intelligenz.

d. ist richtig. Ein Apfel traf sein geniales Haupt (Überlieferung) und brachte Isaac Newton auf die Idee mit dem Gravitationsgesetz.

Zahlen & Statistik

Welches war im Jahr 2018 das höchste Gebäude der Welt?

a. Burj Khalifa in Dubai
b. Tokyo Sky Tree, Shanghai
c. Mecca Royal Clock Tower Hotel in Mekka
d. One World Trade Center, New York City

Wann wurde München zur Millionenstadt?

a. 1948
b. 1957
c. 1972
d. 1990

Heute leben ca. 7,4 Milliarden Menschen auf der Erde. Laut Prognose der Stiftung Weltbevölkerung wird sich diese Zahl bis zum Jahr 2050 erhöhen auf

a. 7,7 Milliarden
b. 8,2 Milliarden
c. 9,7 Milliarden
d. 10,1 Milliarden

4

Wie viele Studenten und Studentinnen waren im Wintersemester 2017 an den deutschen Hochschulen eingeschrieben?

a. 1,4 Millionen
b. 1,8 Millionen
c. 2,4 Millionen
d. 2,8 Millionen

1

a. Stimmt. Das Burj Khalifa in Dubai ist mit 828 m das höchste Gebäude der Welt, gefolgt von dem Fernsehturm Tokyo Sky Tree mit 634 m und dem Shanghai Tower mit 632 m. Das Mekka Royal Clock Tower Hotel in Mekka verteilt seine 120 Etagen auf 601 m. Zurzeit wird am Kingdom Tower gebaut, der angeblich 1.007 m Höhe erreichen soll.

2

b. ist korrekt. München übersprang die Millionenhürde 1957. Heute hat München rund 1,5 Millionen Bürger. Mit circa 4.900 Einwohnern je Quadratkilometer hat München die höchste Bevölkerungsdichte aller deutschen Großstädte.

3

Es stimmt c. Die Weltbevölkerung wird nach Prognosen der „Stiftung Weltbevölkerung" bis zum Jahr 2050 auf 9,7 Milliarden Menschen ansteigen. Heute beträgt die Zahl circa 7,4 Milliarden. 1959 lebten „lediglich" 3 Milliarden Menschen auf der Erde, davon 1 Milliarde in entwickelten Ländern und 2 Milliarden in Entwicklungsländern.

4

Antwort d. stimmt. Es waren 2,84 Millionen Studierende, davon alleine 100.000 im Studienfach Allgemeinmedizin.

---5---

Welche Religion hat die meiste Anzahl an Gläubigen?

a. Hinduismus
b. Judentum
c. Christentum
d. Islam

---6---

Wie lange dauert der längste und regelmäßig geflogene Nonstop-Linienflug?

a. 10 Stunden
b. 12 Stunden
c. 19 Stunden
d. 22 Stunden

---7---

2018 gaben die Stones mal wieder ihr letztes Konzert in Deutschland. Wie alt waren Mick Jagger, Keith Richards, Charlie Watts und Ron Wood zusammen, als sie am 4. Juli in Stuttgart auf die Bühne traten?

a. 218 Jahre
b. 248 Jahre
c. 298 Jahre
d. 318 Jahre

---8---

Wie viel Geld gab im Jahr 2016 der deutsche Haushalt durchschnittlich im Monat für Wohnen, Ernährung und Bekleidung aus?

a. Rund 900 Euro
b. Rund 1.300 Euro
c. Rund 2.000 Euro
d. Rund 2.300 Euro

Es ist c. Das Christentum hat circa 2,3 Milliarden Anhänger, der Islam circa 1,6 Milliarden, circa 940 Millionen der Hinduismus und das Judentum circa 15 Millionen.

c. ist korrekt. Wohl dem, der Thrombosestrümpfe sein Eigen nennt. Es ist die Strecke von Singapur nach New York und sie dauert 18 Stunden und 45 Minuten. 2013 wurden die Flüge der Singapur Airlines eingestellt, die Maschinen aufgrund des zu hohen Verbrauchs ausgemustert. Doch seit Kurzem wird die Strecke wieder beflogen.

c. ist korrekt. 298 Jahre geballte „Satisfaction". Am Tag des Konzertes hatten Mick und Keith noch nicht ganz ihren 75. vollendet. Keith Richards, 75 Jahre (*Dezember 1943); Mick Jagger, 75 Jahre (*26. Juli 1943); der „Oldie" Charlie Watts mit 77 Jahren (*Juni 1941) und Ron Wood mit 71 Jahren der „Jungspund" (*Juni 1947).

Antwort b. stimmt. Rund 1.300 Euro. Übrigens: In Deutschland gilt man als arm, wenn in einem Single-Haushalt weniger als 892 Euro pro Monat zur Verfügung stehen.

---9---

Wie viel Prozent der deutschen Autobahnkilometer waren im Jahr 2018 dauerhaft und zeitweilig tempolimitiert?

a. 17 Prozent
b. 27 Prozent
c. 37 Prozent
d. 47 Prozent

---10---

Welches Land hat die viertgrößte Einwohnerzahl?

a. China
b. Indonesien
c. USA
d. Russland

---11---

Welchen Notendurchschnitt im Abitur brauchte man in Deutschland 2018 mindestens, um ohne Wartezeit und Umwege Human-Medizin studieren zu können?

a. 1,0
b. 1,2
c. 1,4
d. 1,6

---12---

Wie häufig geht der Deutsche jährlich im Schnitt zum Arzt?

a. 8 Mal
b. 10 Mal
c. 18 Mal
d. 20 Mal

d. stimmt. „Freie Fahrt für freie Bürger" forderte der ADAC 1974 nach dem 1973 gestarteten viermonatigen Tempo-100-Großversuch auf deutschen Autobahnen. Der Versuch scheiterte, aber freie Fahrt gibt es dennoch nicht, denn dauerhaft beschränkt sind – gemäß Erhebungen des Automobilclubs – 30 Prozent des Autobahnnetzes und weitere 17 Prozent zeitweise.

Es ist b., Indonesien liegt „nur" an vierter Stelle mit rund 255 Millionen Einwohnern. USA steht an dritter Stelle mit 327 Millionen. China hat mit rund 1,379 Milliarden am meisten, gefolgt von Indien mit 1,28 Milliarden. Russland steht an neunter Stelle mit 146,8 Millionen Einwohnern.

Antwort a. stimmt. Man brauchte einen Notendurchschnitt von 1,0 (Ausnahme: Niedersachsen und Schleswig-Holstein mit 1,1). Der Numerus clausus – auch die „beschränkte Anzahl" – bezeichnet die meist kapazitätsbezogene Begrenzung der Zulassung in bestimmten Studienfächern. Der reine Notendurchschnitt als Qualitätskriterium? Der arme Patient.

Es stimmt c. Deutschland ist „Arztgeher-Weltmeister". Rund 18 Mal geht jeder Deutsche pro Jahr zum Arzt. Ältere Patienten 50 bis 60 Mal. Im Vergleich: Die niederländischen Nachbarn gehen nur rund 6 bis 7 Mal pro Jahr zum Arzt.

13

Wie viele Linienflug-Passagiere gab es 2016 weltweit?

a. Rund 200 Millionen
b. Rund 400 Millionen
c. Rund 2 Milliarden
d. Rund 4 Milliarden

14

Laut ADAC lag die Gesamtlänge der 2017 gemessenen Staus in Deutschland bei …

a. rund 300.000 Kilometern
b. rund 500.000 Kilometern
c. rund 1.000.000 Kilometern
d. rund 1.500.000 Kilometern

15

Wer trank 2017 das meiste Bier?

a. Tschechen
b. Deutsche
c. Österreicher
d. Polen

16

Wie hoch war die Lebenserwartung 2018 bei in Deutschland geborenen Jungen?

a. 78
b. 80
c. 82
d. 84

d. ist korrekt. Weltweit flogen 2016 etwa 3,8 Milliarden Linien-Passagiere. Von allen Ländern in der Welt fliegen die Menschen in Amerika am häufigsten.

d. stimmt. Laut Staubilanz des ADAC waren es genau 1.448.000 Kilometer. Dabei betrug die Stauzeit auf den deutschen Autobahnen 457.000 Stunden. Wo sind die Zeiten, als Markus 1982 sang: „Mein Maserati fährt 210 – schwupp – die Polizei hat's nicht gesehn – das macht Spaß! Ich geb Gas, ich geb Gas."?

Es war a. Tschechien „führt" mit 138 Litern, gefolgt von Österreich mit 105 Litern, Deutschland mit 101 Litern und Polen mit 97 Litern.

Auch hier stimmt a. Tatsächlich „nur" 78 Jahre. Bei Mädchen liegt sie bei 83 Jahren und 2 Monaten.

17

Was kostet ein Vollbad in deutschen Haushalten durchschnittlich?

a. 0,20 – 0,40 Euro
b. 0,40 – 0,60 Euro
c. 0,90 – 1,10 Euro
d. 1,20 – 1,40 Euro

18

Weltweit gibt es
rund 1,4 Milliar-
den Rinder. Wo
befinden sich die
meisten?

a. USA
b. Brasilien
c. Indien
d. Europa

19

Zählt man (2018) die Werte der verschiedenen Euroscheine
und Euromünzen zusammen, ergibt sich:

a. 777,88
b. 876,54
c. 988,88
d. 888,88

20

Welche ist die am häufigsten geflogene Flugroute weltweit?

a. Mumbai–Dehli
b. Tokio–Hong Kong
c. Frankfurt–Mallorca
d. Seoul–Jejudo

Korrekt ist b. Normalerweise fasst eine Badewanne rund 150 Liter. Der Kubikmeter Wasser kostet durchschnittlich in Deutschland 2 Euro. Dazu kommt noch einmal das Gleiche an Abwasserkosten. Also fallen pro 1.000 Liter Wasser etwa vier Euro an Kosten an. Bei einer durchschnittlichen Wannengröße von 120 bis 150 Litern sind das dann also 0,48–0,60 Euro.

Gesucht ist c. Dank seines Status als heiliges Tier hat es das Rind gut in Indien, deshalb gibt es da auch mit 226 Millionen die meisten Rinder. Im „Burger-Land" Nr. 1., der USA, nur 46 Millionen, in Brasilien 189 Millionen und in Europa 147 Millionen, woran Deutschland mit rund 13 Millionen beteiligt ist.

Lösung d. stimmt. Alle verschiedenen Euro-Banknoten – einschließlich des nach wie vor gültigen 500-Euro-Scheins – ergeben zusammen:
500 + 200 + 100 + 50 + 20 + 10 + 5 = 885 Euro.
Alle verschiedenen Euro-Münzen ergeben zusammen:
200 Cent + 100 Cent + 50 Cent + 20 Cent + 10 Cent + 5 Cent + 2 Cent + 1 Cent = 388 Cent oder 3,88 Euro. Macht summa summarum 888,88 Euro.

Korrekt ist d. Noch nie was davon gehört? Das wissen die wenigsten. Jejudo – auch das „Hawaii Koreas" genannt – gehört zu dem beliebtesten Ausflugsziel der Chinesen und Koreaner. Alle acht Minuten wird die Strecke geflogen, das sind 178 Flüge pro Tag und rund 65.000 Flüge in einem Jahr.

21

Bringen Sie die Fotos in die chronologische Reihenfolge:

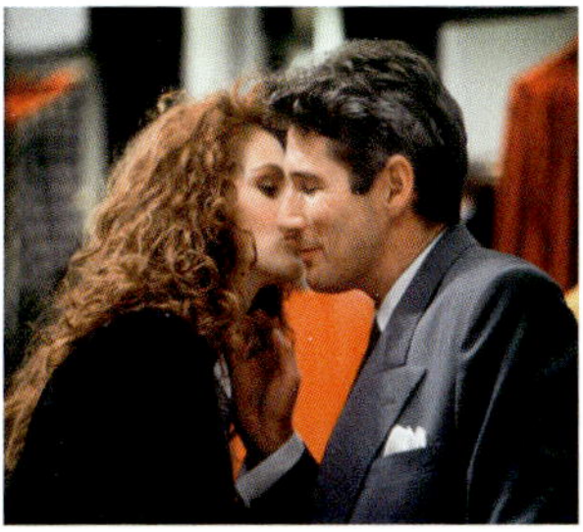
a.

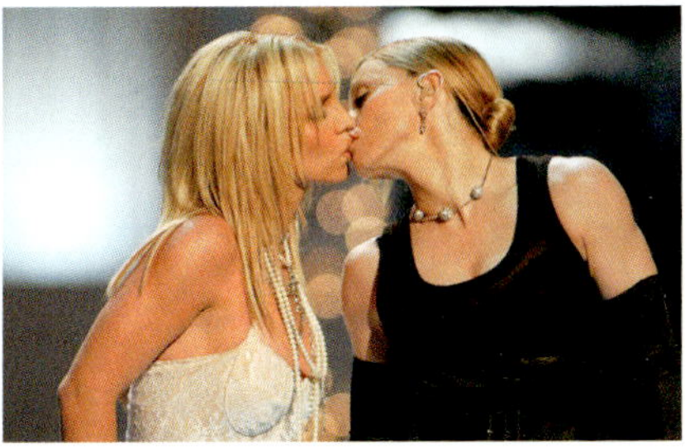
b.

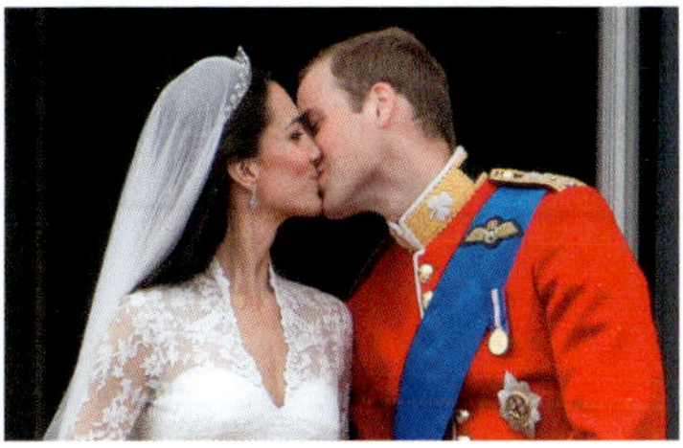
c.

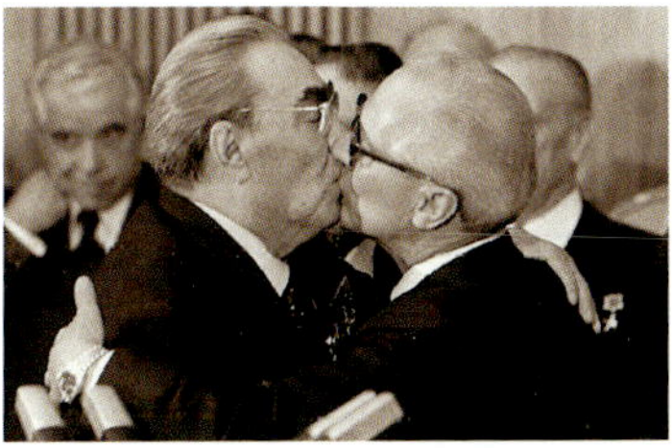
d.

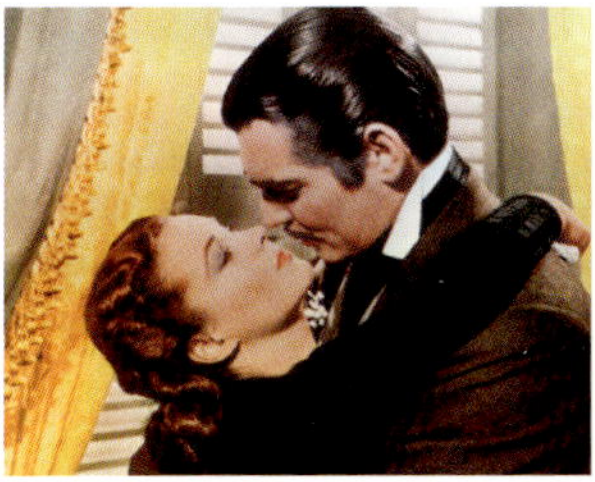
e.

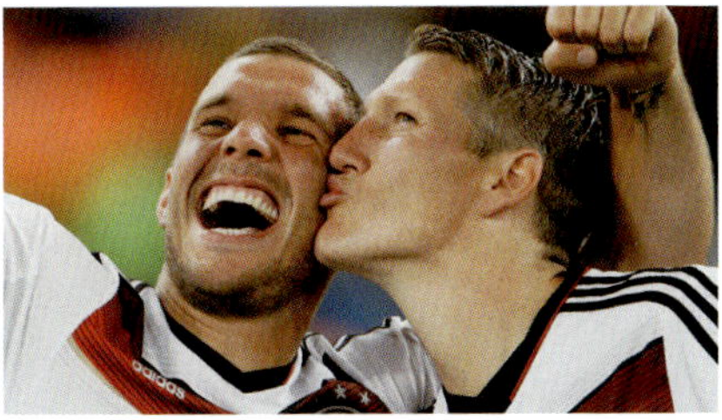
f.

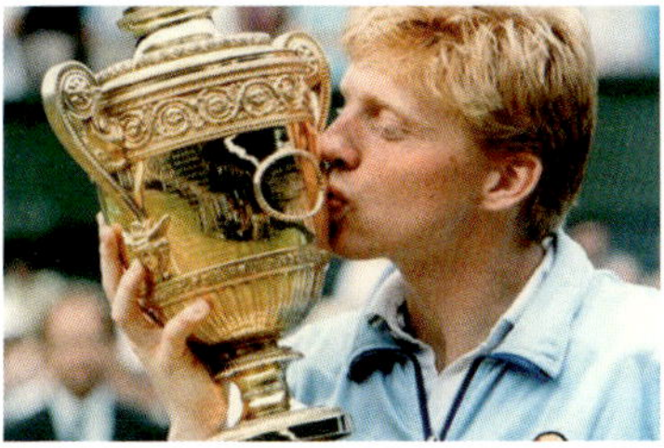
g.

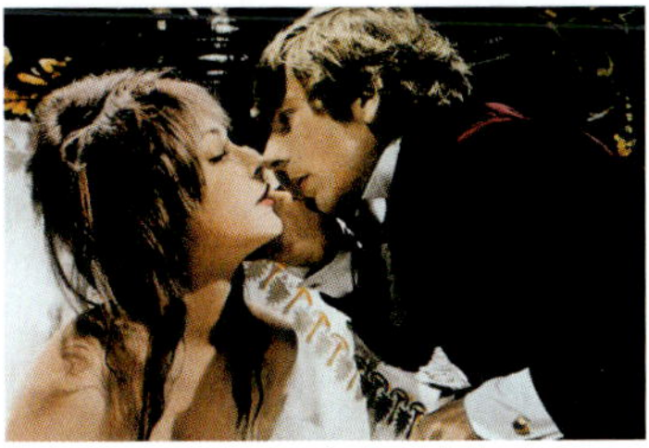
h.

Die chronologisch richtige Reihenfolge der Bilder ist:
e., h., d., g. a., b., c., f.

e. 1939. Sie hassen und sie lieben sich: Clark Gable (als Rhett Butler) und Vivien Leigh (als Scarlett O'Hara) brauchen lange, bis es zu dieser Szene in dem wohl bekanntesten Film „Vom Winde verweht" aus dem Jahre 1939 kommt. Der Klassiker wurde mit 10 Oscars ausgezeichnet.

h. 1967. Im Film „Tanz der Vampire" rettet Roman Polanski (als Alfred) Sharon Tate (als Sarah Shagal) vor dem Vampir Graf von Krolock. Der letzte vermeintliche Kuss im Film überrascht den Zuschauer (Spoiler-Alarm). Im wahren Leben konnte Polanski seine spätere Ehefrau nicht retten. Mitglieder der „Manson Family" ermordeten sie 1969 brutal.

d. 1979. Der sozialistische Bruderkuss: Vollzogen und bekannt gemacht haben ihn Erich Honecker, Generalsekretär des Zentralkomitees der Sozialistischen Einheitspartei Deutschlands (SED), und Leonid Breschnew, Staats- und Parteichef der Kommunistischen Partei der Sowjetunion (KPdSU), im Oktober 1979, anlässlich des 30. Jahrestages der DDR.

g. 1986: Boris Becker kann seinen Tennis-Triumph vom Vorjahr in Wimbledon wiederholen (als erster ungesetzter Spieler, erster Deutscher und jüngster Sieger gewann er mit 17 Jahren den Wimbledon Championships). Wohlverdient küsst er den Pokal. Es sollen viele Küsse folgen.

a. 1990. Im Kinofilm „Pretty Woman" macht die schöne Prostituierte Julia Roberts (als Vivian Ward) dem Geschäftsmann und Nobel-Freier Richard Gere (als Edward Lewis) klar: Nicht auf den Mund küssen! Später im Film hat sie es sich anders überlegt. Alles richtig gemacht.

b. 2003. Immer für einen Skandal gut sind Madonna und Britney Spears. Hier nutzen sie die Bühne des MTV Video Music Awards, um für Wirbel zu sorgen. Ihr Kuss war danach weltweit in aller Munde.

c. 2011. Von Millionen Fernsehzuschauern heiß ersehnt: Der königliche „Pflichtkuss" von Prinz William und seiner frisch Vermählten Catherine, Duchess of Cambridge, ehemals Kate Middleton, anlässlich ihrer bedeutenden royalen Hochzeit.

f. 2014, der 13. Juli – Fußball-Weltmeisterschaft in Brasilien: Lukas Podolski und Bastian Schweinsteiger feiern ihren grandiosen Sieg über Argentinien im Endspiel.

Dank des Autors

Ja, ich habe wieder ein Rätsel-Buch geschrieben, habe mir Aufgaben ausgedacht und Augen und Ohren offen gehalten für Neues, was vielleicht nur wenige wissen. Habe gesammelt, geprüft, verworfen und zu Papier gebracht. Zwei Rätsel-Bücher sollten reichen. Dachte ich. Daher gilt mein Dank all denen, die meine Inkonsequenz bei „nie wieder ein Rätselbuch" unterstützt haben.

Danken möchte ich dem Wackler-Führungsteam, Jürgen Bühler, Falk Damerow, Willi Fottner, Renate Haunschmid, Alexander Keil, Michael Kujawa, Markus Mayr, Birgit Ullrich, Manfred von Dahlen, Florian Wackler, für die tolle und lange Zusammenarbeit, den Teamspirit und das gemeinsam Erreichte.

Mein Dank gilt auch dem Aufsichtsratsvorsitzenden der Wackler Holding SE, Friedrich P. Wackler, für 15 Jahre vertrauensvolle und erfolgreiche Zusammenarbeit, den Aufsichtsräten Dr. Ingo Friedrich und Dr. Thorsten Reinhard und allen Kolleginnen und Kollegen der Wackler Group. Allen voran natürlich Elvira Stern, die mir seit vielen Jahren zur Seite steht und den Rücken in allen Bereichen freihält, sowie bei Claudia Frank, die Frau Stern bestens unterstützt.

Besonderer Dank gilt meinen drei Frauen. Meiner Ehefrau für ihr Verständnis, an vielen Wochenenden und Abenden ihren Mann auch noch mit einem Buch teilen zu müssen. Heike: Du hast wieder einmal Geduld bewiesen, ohne dich wäre es beim „Nie wieder" geblieben. Meiner Tochter Jessica und ihren Ideen und meiner Mutter, die mit 94 Jahren immer noch dazulernen möchte.

Meinen Dank auch an Sie, liebe Leser und Leserinnen, fürs Raten und Dranbleiben. Ich hoffe, es hat Spaß gemacht!

Ihr Peter Blenke

Bildquellenverzeichnis:

Alamy Stock Foto: Seiten 21; 65b; 197b: Nic Cleave Photography; 235a: ZUMA Press Inc.; 235b: Aflo Co. Ltd.; 235c: UKraft; 235d: Scott Heavey; 239c: Matthew Chattle; 261: ImageBROKER; 317: Goran Jakuš; 319: Gallo Images; 321a: TCD/Prod.DB; 321c: Paul Grover; 321e: United Archives GmbH; 321h: AF archive.

Alfaromeopress.de: Seite 134.

Associated Press: Seiten 89a; 89d.

bpk/Bildarchiv Preußischer Kulturbesitz: Seite 37: Charles Wilp.

Creative Commons: Seiten 1b.: Mark Jones; 1c.: Napoleon Sarony; 23: visitmanchester; 28: Theway; 53: Pierre-Selim Huard; 55: Ken Lund; 61a: A.Svin; 65a: Titit; 65d: Friedrich Haag; 81: Engelberger; 84: Traumrune; 131: Maxpixel; 133c: James. K. Lindsey; 177: Weyf; 184: Metro Goldwin Meyer; 191b, c, d: Bundesarchiv; 193: MartinP1; 197a: Shelka04; 197d: Lee Elvin; 197e: Verum; 199a: Bundesarchiv/Kolbe Jirg; 199b: Michael Bernau; 199c: AngMoKio; 199d: kremlin.ru; 217: Fritz Geller-Grimm; 239a: Eckard Pecher; 239b: Tsutomu Takasu; 239d: kpjas; 243 unten: Stefan Brending; 249a: An-Mokio; 249b: Pharaoh Hound; 249c: Klaus Roggel; 249d: Marlene Thyssen; 255a: namibia; 273: W.Pfahler; 281: Bbb; 289: Harke; 303: Hans Grobe;

Fotolia: Seite 135: pixelfreund.

getty images: Seiten 201: Silver Screen Collection; 321b: Chris Polk; 321f: Adrian Dennis.

iStock: Seiten 65 oben: dedMazay; 161: rarpia; 285: photogerson; 315: Nomad;

Jump-Grafik: Seiten 33, 45; 79; 147, 148, 189, 197 mitte; 204; 213; 223; 231; 243 oben; 305.

Picture alliance/AP Photo: Seiten 89e; 235 oben: RoHa-Fotothek Für-mann/Süddeutsche Zeitung Photo; 321d: Spiegl/SvenSimon; 321g: Wolfgang Eilmes.

Pixelio: Seiten 123: Sabine Geißler; 191 oben: Stefan Bayer.

Pixabay: Seiten 133a, 133b, 133d; 255b; 255c; 255d; 287.

Presse- und Informationsamt der Bundesregierung: Seite 89h: Pfeil.

Public Domain: Seiten 1a.; 1d.; 14; 61b; 61c; 61d; 65c; 67: Official White House Photo/Pete Souza (public domain); 75; 89b; 89c, 89f: Europaarchiv; 89g: US-NAVY; 136: NASA/Dave Scott; 175; 191a, 195 unten, 203; 265; 293: NASA/jjron; 295: NASA; 307.

Shutterstock: Seiten 159: remik44992; 153; 163; 195 oben.

Wackler Holding SE: Seiten 197c; 324; 325.

ZS Verlag: Seite 41.